풍류도인 열전

박희진 시선집
풍류도인 열전

2017년 3월 15일 초판 1쇄 발행

지은이 · 박희진
엮은이 · 박희진시인기념사업회
　　　　 서울시 강북구 삼양로 601-12 초원아트빌 401호
　　　　 전화 02-900-3638, 이메일 immortal-poet@naver.com
　　　　 저작권자 연락 전화 010-3731-6883(조환수)

펴낸이 · 한상범
펴낸곳 · 도서출판 한길
　　　　 경기도 남양주시 진건읍 사능로 156번길 295
　　　　 전화 031-574-5585
　　　　 팩스 031-574-0808
　　　　 이메일 www.bonginsa.net
　　　　 등록 번호 제7호

값 · 17,000원
ISBN · 978-89-87859-33-0 03800

* 「이 도서의 국립중앙도서관 출판예정도서목록(CIP)은 서지정보유통지원시스템 홈페이지(http://seoji.nl.go.kr)와 국가자료공동목록시스템(http://www.nl.go.kr/kolisnet)에서 이용하실 수 있습니다.(CIP제어번호: CIP2017006616)」

* 이 책의 공급 및 판매는 도서출판 한길에서 하며, 잘못된 책은 바꿔드립니다.

책을 펴내며

시인이 생생하게 전하는 풍류도의 세계

쉰여섯 살 되던 해 북한산 자락에 터를 잡은 박희진 시인은 '자연'과 '풍류도'를 후반기 시작 활동의 주요 화두로 삼았다. 특히 인간과 자연의 조화를 추구하는 우리의 고유사상 풍류도는 그의 최대 관심사였다. 이후『북한산 진달래』를 필두로 유고 시집『니르바나의 바다』까지 스물여섯 권 시집이 쏟아져 나오는 동안 수많은 작품들이 그의 의식 체계 안에 굳건히 자리 잡은 자연 사상과 풍류도의 세계에서 놀았다.

그는 서른 해 가까이 줄기차게 읊어 온 그 광활한 세계를 시집 한 권으로 집약해 정리하고자 하였다. 풍류 사상에 익숙지 못한 사람들을 위한 배려에서였다. 그는 많은 사람들에게 풍류도를 제대로 이해시키자면 우리나라 풍류 정신사를 한눈에 훑어보게 하는 게 좋겠고, 그렇게 하기 위해서는 이 땅에서 살다 간 대표적 풍류도인들을 한자리에 모아놓은 책을 엮어 낼 필요가 있겠다 생각하였다.『풍류도인 열전』은 그렇게 착안되었다. 하지만 그는 끝내 책을 내지 못하였다. 애초의 생각이 조금씩 수정되면서 계획이 점차 커졌고, 세월은 그 계획에 합당한 기다림을 허락하지 않았기 때문이다.

그는 사람에 관한 이야기만으로는 많은 이들에게 풍류도의 전모를 전하기에 부족할 거라 여겨 시로 형상화된 '열전' 영역 다음에 풍류 사상을 체계적으로 전하는 산문을 덧붙이기로 하였다. 원고지 오륙백 장 길이로 그 본질을 밝히는 글을 새로 쓰고 거기에다 기존에 발표한 몇몇 글들을 더해 최소한 백사오십 쪽쯤 되는 산문 영역을 두려 하였던 것이다. 시인 스스로 풍류도인으로서 주목해야 할 중요 인물로 꼽으면서도 손대지 못하였던 물계자와 백결 선생의 삶을 시로 써서 함께 싣자는 생각도 있었다. 하지만 이천십오년 청매가 한창 꽃망울을 터뜨리던 봄날 저녁, 그러한 작업들을 염두에 두고 이런저런 준비를 해 오던 시인이 갑자기 이승을 떠났다.

다행히 생전에 시인이 기간 시집들 대여섯 권에서 '열전'에 들어갈 시 예수남은 편을 뽑아 정리해 둔 게 있었고 원고가 다 되면 책을 내드리겠다고 약속한 고마운 분(봉인사 적경 스님)이 있었다. 박희진시인기념사업회에서는, 비록 그가 원했던 산문과 물계자·백결 선생에 관한 시가 빠져 아쉬움이 있긴 하지만, '풍류도란 무엇인가'를 비롯한 관련 산문 몇 편을 함께 묶으면 그의 풍류 사상을 전하는 책으로서 그런대로 손색이 없겠다 여겨 시인의 이 주기를 앞두고 책을 내기로 하였다.

어려운 출판 여건에도 불구하고 기꺼이 시집 간행을 맡아 주신 적경 스님께 깊이 감사드린다.

이천십칠년 일월 십칠일
박희진시인기념사업회

차례

책을 펴내며 · 4

제1부 풍류도인 열전

01 단군성조(檀君聖祖)
　마니산 참성단 · 15
　참성단 · 18
　청학선원 삼성궁 · 20

02 화랑(花郎)
　화랑을 기림 · 26

03 사선(四仙)
　한송정에서 사선을 생각하다 · 30

04 월명사(月明師)
　월명사를 기리는 노래 · 34
　도솔가 · 38
　제망매가 · 40

05 죽지랑(竹旨郎)
　모죽지랑가 · 42

06 충담사(忠談師)
　안민가 · 44
　찬기파랑가 · 47

07 영재(永才)
　우적가 · 49

08 신라의 노옹
　헌화가 · 52

09 처용(處容)
　처용가 · 54

10 도성(道成)과 관기(觀機)
　포산 이성 · 57

11 혜현(惠現, 573~630)
　혜현구정기 · 59

12 원효(元曉, 617~686)
　원효봉에서 · 67

13 최치원(崔致遠, 857~?)
　환학대에서 최치원을 생각하다 · 68

풍류 · 72

14 나옹(懶翁, 1320~1376)
　　　봉미산 신륵사운 · 73

15 휴정(休靜, 1520~1604)
　　　서산 대사 다시에 부쳐 · 74

16 진묵(震默, 1562~1633)
　　　진묵 대사의 선정 · 75
　　　성모암 · 76
　　　진묵 대사 게 · 77
　　　망모를 위한 진묵 대사의 제문 · 78

17 한암(漢巖, 1876~1951)
　　　상원사에서 · 79
　　　기리는 노래 · 81
　　　상원사와 방한암 · 82

18 속리산 생식 도인(20세기)
　　　산중문답 · 83
　　　후일담 · 85

19 솔거(率居, 신라 시대)
　노송을 그린 솔거의 말 · 89

20 안견(安堅, 15세기)
　몽유도원도 · 93

21 정선(鄭敾, 1676~1759)
　인왕제색 · 96

22 김홍도(金弘道, 1745~1806)
　단원과 매화 · 99
　소림명월운 · 100

23 김정희(金正喜, 1786~1856)
　세한도운 · 102
　완당집필도 · 104

24 조희룡(趙熙龍, 1789~1866)
　매화서옥운 · 105

25 허련(許鍊, 1809~1892)
　운림산방 · 106

26 장욱진(張旭鎭, 1917~1990)
　장욱진 1 · 109
　장욱진 2 · 110

27 이황(李滉, 1501~1570)
　도산서원 · 111

28 윤선도(尹善道, 1587~1671)
　낙서재 터에서 · 112
　동천석실 · 116
　세연정 · 119
　고산목 · 124

29 정약용(丁若鏞, 1762~1836)
　다산초당 · 126
　다산시 일수 · 127

30 김병연(金炳淵, 1807~1863)
　김삿갓 무덤 · 128
　김삿갓을 구원한 것은 · 132

31 이갑룡(李甲龍, 1860~1957)
　마이산 탐사와 이갑룡 · 136

32 오상순(吳相淳, 1894~1963)

　공초와 구상 · 151

　공초를 기리는 노래 · 158

　만년의 공초는 · 161

　공초의 무덤에서 · 162

33 김익진(金益鎭, 1906~1970)

　어떤 인상 · 163

34 민동선(閔東宣, 20세기)

　향은 선생님 · 165

　편지 · 166

35 윤경렬(尹京烈, 1916~1999)

　윤경렬 찬 · 169

36 김규영(金奎榮, 1919~2016)

　태암 김규영 선생 송 · 172

　선생님의 사진을 보면서 · 175

　어느 날 · 176

제2부 풍류도란 무엇인가

풍류도란 무엇인가 · 179
고운 최치원과 범부 김정설 · 186
본연의 삶 · 210
풍류도와 소나무 · 217

시인 연보 및 작품집 목록 · 235

제1부 풍류도인 열전

01 단군성조
檀君聖祖

마니산 참성단

우리 배달겨레
반만년 역사의
살아 있는 뿌리를 보신 적 있습니까?

강화도 마니산 정상에 가십시오.
마냥 끝없이 가파른 돌계단
오르는 것이 힘드시다구요?
겁내지 마시고 쉬엄쉬엄 오르세요.
이 나라에서 제일 좋은 기를
뿜고 있는 흙과 바위와 울창한 녹음 속
은싸락 금싸락 마시며 걷는 일이,
평생 잊지 못할 삼림욕 하며
바람의 촉수로 얼굴의 땀방울과
마음 때 말끔히 가시게 하는 일이
싫다면 모르지만.

드디어 당신이 정상에 오르면
모든 것을 단숨에 알게 되죠.

당신은 눈에서 비늘이 떨어지고
몸이 날아갈 듯 가벼워질 겁니다.

겸허한 마음으로 정성을 다해
당신 눈앞의 참성단을 보십시오.
그 화강암 살갗이 갖고 있는
빛깔을 유심히 살펴보십시오.
아니 손으로 어루만져 보십시오.
그것이 바로 우리 배달겨레
반만년 역사의 뿌리인 것입니다.
그 뿌리의 빛깔이며 체온이며
숨결인 것입니다.
그 뿌리는 천상천하를 꿰뚫고 있습니다.
겨레의 과거와 현재와 미래가
하나로 꿰뚫려 있는 까닭이죠.
우리의 뿌리는 땅에도 있거니와
하늘에도 있습니다.
온 우주의, 생명의 축입니다.

'홍익인간(弘益人間)'이란 사람뿐 아니라
널리 중생을 이롭게 한다는 뜻,

'이화세계(理化世界)'란

땅을 하늘 닮게 하려는 것입니다.

달리 말하자면

하늘·땅·사람의

균형과 조화를 이루려는 것입니다.

우리 배달겨레뿐만이 아니라

지상의 모든 목숨이 있는 것들

중생이 다 천손이란 것을

우리는 믿어 의심하지 맙시다.

나의 뿌리, 당신의 뿌리,

우리 배달겨레의 뿌리,

아니 모든 중생의 뿌리,

삼라만상의 뿌리는 이렇듯

땅에도 있거니와 하늘에도 있기에

하늘·땅·사람이

기실은 하나임을

깨닫고 믿고 터득하고 있는

우리 환한 배달겨레 만세.

한국인 만세.

참성단

하늘과 땅의 혼인에서 태어나신
최초의 인간
단군성조께선
당신의 근본이 하늘임을 아시기에
하늘 제사를 제일로 받드시다.

이 땅에서도
제일로 청정하고 제일로 좋은
기를 뿜는 곳
강화도 마니산에
참성단 마련하고
하늘 제사 지내심은
하늘·땅·사람이 기실 하나임을
증명하심이네.
홍익인간·이화세계 이념의 다짐이며
그 나투심이네.

*

오늘 우리 배달겨레 후손이 모여

참성단에서 하늘 제사 올림은

하늘로 돌아가신 단군성조께

귀의하고 예배하여

새로운 힘을 얻고자 함이렷다.

하지만 명심하세

단군성조께선

결코 하늘에만 계신 게 아님을.

하늘·땅·사람 속에

두루두루 구석구석 퍼져 계심을.

하늘·땅에 대한 외경을 잃을 때

사람은 자멸하고 만다는 것을.

사람은 부단한 자기혁신 속에서만

하늘·땅과 더불어 하나 되는 사랑과

자유를 누릴 수 있다는 것을.

청학선원(靑鶴仙院) 삼성궁(三聖宮)

해발 구백 고지
청학동에서 한 십오 분쯤
청학의 인도 따라
숲 향기 자욱한 오솔길 걸어야
그곳에 당도한다.
나로선 도무지 상상도 못했던 곳.
이끼 낀 돌과 나무들 사이
시원의 물이 흘러내리는 곳.
거기서 조금
그 맑은 물을 거슬러 올라가면
드디어 가 닿는다.
반만년 전의 이 나라 개벽 모습,
환인 하느님은
처음에 어떻게 이 땅을 열었으며
이 고요한 아침의 나라는
어떻게 무엇으로 그 뼈대를 세웠던가를
깨닫게 하는 곳. 겨레의 뿌리가
그 신비의 베일을 벗는 곳.

〉

우선 단군성조를 배알하고 싶은 이는

단군전 찾아가라.

마음을 비우고 그 앞에서 삼배하라.

한 번 큰절을 올리고 나면

눈에서 우치의 비늘이 떨어지고

두 번 큰절을 올리고 나면

몸에서 온갖 속기가 가셔지고

세 번 큰절을 올리고 나면

자신이 어김없는 단군의 후손임을

부르짖는 피의 소리를 듣게 되리.

단군전에는 단군의 아버지

환웅 어른도 모셔져 있다.

그 앞에 가서도

다시 경건히 삼배를 올릴 일.

여기저기 징검다리 또는 나무다리

자연스레 놓여 있고

크고 작은 많은 돌탑들 눈에 띈다.

둥근 봉분 같은, 또는 원추형의

공들여 쌓은 돌탑들 위에는

역시 돌로 매우 정교한 상륜(相輪)을 얹었구나.

항아리 장독 등 오지그릇들이 있는가 하면

맷돌 돌절구 움집이 있고

기러기 앉아 있는 솟대도 있다.

발이 세 개인 삼족오도 있다.

태극 모양으로 쌓은 돌 아래에는

큰 연못 있어 후련하기 짝이 없다.

소박한 인공과 자연이 상통하는

조화를 이루다. 운치가 있다.

아주 풍요로운 가난이 서려 있다.

밝고 환한 따듯한 너그러움.

겨레의 지성소 백두산에서부터

남으로 흘러내린 이 땅의 등뼈

백두대간의 거점이 지리산일진대

그 주봉인 천왕봉(天王峯) 정기는

곧바로 백두산 정기나 다름없다.

곧바로 이 나라 배달겨레 정기이다.

그 천왕봉 정기가 마지막

삼신봉 거쳐 흘러내린 곳이

바로 이 청학동 삼성궁이로구나.

＞

그때 홀연히 동녘 하늘에서

금빛 찬란한 햇살이 쏟아진다.

시름시름 내리던 장맛비 함께

무겁게 드리웠던 먹구름들은 어디로 사라졌나.

오천년 역사도

단숨에 어디론가 구름처럼 사라지고

지금 눈앞에 전개되는 것은

신단수(神檀樹) 아래 신시(神市)의 모습인가.

그 거룩한 처음의 모습,

천(天)·지(地)·인(人) 삼재가

물샐틈없는 균형과 조화로

홍익인간·이화세계 이념을 구현했던.

그 고요한 아침의 나라.

그것은 겨레의 과거인 동시에

현재이자 미래임을 분명 깨닫겠네.

이윽고 천궁(天宮)에서

나는 마침내 환인 하느님을

배알할 수 있었거니.

신비의 베일이라기보다

신비의 구름

신비의 구름이라기보다

신비의 빛살

그 속에 그분은 의연히 계셨거니.

*

귀로에 들어서며

나는 곰곰 이렇게 생각했다.

겨레의 뿌리를 되새겨 주는

참교육의 장.

삼한 시대에 천신을 제사 지낸 지역을 일컫던

이른바 소도(蘇塗)의 현대적 재현,

이 성지는 아직도 미완이다.

언제 완성될지 짐작을 불허한다.

삼성을 모신 사당은 사실상

많이 미흡하고 하자가 눈에 띈다.

하지만 이미 이룩해 놓은

성취만 가지고도

그 발상과 택지를 감안할 때

훌륭한 업적이다.

더구나 그것이 한 개인의

원력에 의한 것이라니 놀랍구나.

하지만 이젠 개인의 한계를

아득히 뛰어넘은 대사업인 것이다.

중지를 모아 정성을 다해

겨레 전체의 꽃으로 가꾸어 갈

필요를 절감한다.

홍익인간·이화세계

이런 건국이념을 널리 되새기고

길이 후손들에게 선양하기에 위해서도.

단기 4331년 7월 7일

02화랑
花郎

화랑을 기림

화랑은 신라의 귀족, 진골의 피에서,
　　아니, 우리 배달겨레 정통의 피에서
　　피어난 꽃임. 풍류도의 정화임.
화랑은 단순히 겉만 아름다운 미소년이 아님.
　　천·지·인 삼재를 하나로 꿰뚫는
　　기의 조화(造化)임.
화랑의 아름다움, 거기엔 진(眞)·선(善)이 깃들어 있음.
　　게다가 늘 선향(仙香)이 풍김.
화랑은 그렇기에 하늘에서 내려온
　　선동(仙童) 같을밖에.
화랑의 화기(和氣) 앞엔
　　사나운 말도 무릎을 꿇음.
　　도적의 무리는 총칼을 내던지고,
　　얼었던 마음은 봄물처럼 녹아내림.
　　아둔한 마음은 햇살처럼 밝아짐.
　　착한 사람은 더욱 더 착해지고,
　　용맹한 사람은 더욱 더 용맹해짐.
　　누구나 진심으로 기꺼이 따르게 됨.

화랑은 천지신령(天地神靈)을 믿음.

    뭇 백성들이 잘살 수 있도록

    해마다 풍년을 들게 하고

    삼재팔난을 여의게 하는

    하늘의 하느님을.

    이 나라 명산엔 산신령이 있고

    바다와 강엔 용왕이 있음을.

    하지만 신령은

    인간 밖에만 있는 게 아니라

    인간 안에도 있음을 믿음.

    즉 천지인일기(天地人一氣)를 믿음.

화랑이 깊은 산속에 들어가서

    구국 일념의 치성을 드리면

    영험이 나타났음.

    저 삼국통일의 영웅

    김유신(金庾信) 장군의 경우가 대표적임.

    그의 몸은 거의 불사신이 되었으며,

    그의 칼에는 신기(神氣)가 내려

    바위도 잘리는 신검(神劍)이 되었거니.

화랑의 임전무퇴(臨戰無退),

    귀신도 곡할 용맹의 근원에는

　　　　　이런 천우신조의 믿음이 있었던 것.

　　　　　또한 평소의 부단한 무예 연마,

　　　　　도의의 진작이

　　　　　필승의 인화단결을 낳았던 것.

화랑은 무엇보다 자연을 사랑함.

　　　　　신령이 깃든 산수일진대,

　　　　　멀고 가까움을 가리지 않고

　　　　　순례에 나섬. 호연지기를 기름.

　　　　　일심으로 하늘에 치성을 드림.

　　　　　하여 심신이 하늘처럼 맑아지면

　　　　　도(道)는 스스로 그들의 몸에서

　　　　　산천초목으로, 금수어충으로 퍼져 나감.

　　　　　우줄우줄 가락으로, 솟구치는 신명으로.

　　　　　그들의 입에선 신가(神歌)가 나오고,

　　　　　그들의 몸은 신무(神舞)를 추게 됨.

화랑의 도의 정신,

　　　　　그 서슬 푸른 충성과 효도와

　　　　　신의와 청렴과 의협과 박애의

　　　　　사상은 바로

　　　　　그들의 뼈와 살

　　　　　그리고 피의 명령으로서

천지신명의 가르침이었던 것.

*

화랑은 결코 지나간 역사의 자취가 아님.
그들은 살아 있음.
백두산 천지가 마르지 않는 한,
우리 배달겨레의 정통의 피가
마르지 않는 한,
그들은 차라리 우리의 미래임.
위대한 전범(典範)임.
그들은 가장 정화된 겨레혼이
피워 낸 꽃이기에
시들 수 없는, 구원의 꽃임.
오오 암울한 위기의 때일수록
쩡쩡 울리는, 빛 뿜는 꽃임.

03사선
四仙

한송정에서 사선을 생각하다

하늘의 별처럼

많았던 신라의 화랑들 중에서도

영랑(永郎), 술랑(述郎), 남랑(南郎), 안상(安詳) 넷은

아예 사선(四仙)으로 불렸던 까닭을

내가 오늘은

다소나마 짐작할 듯싶다.

그들이 즐겨 노닐던 곳의 하나,

강릉 근방의

한송정(寒松亭)에 와서.

솔밭 동쪽은

바다로 이어지고,

새로 복원된 한송정에 앉아

솔바람 듣노라니,

고금이 하나로 꿰뚫리는 듯한 소리,

우륵의 가야금 소리도 들리고

만파식적(萬波息笛) 소리도 들리는데,

저만치 돌아궁이

관솔불 위엔

다관의 물 끓는 소리도 들리누나.

그것이 어디 예사 물인가?

이곳의 명물

돌샘에서 솟는 감로이어늘,

그런 물로 차를 달여

마시면 어찌 될까?

우선 몸이 맑아지리.

감로차 두 잔엔

마음이 맑아지고.

감로차 석 잔엔

아예 몸과 마음이 탈락되어

두둥실 뜨게 되리.

감로차 넉 잔엔

내가 사선과 더불어 하나 되어

신가(神歌)를 부르며, 신무(神舞)를 추게 되리.

천하의 명승,

해금강(海金剛), 총석정(叢石亭), 금란굴(金蘭窟),

삼일포(三日浦), 영랑호(永郎湖), 경포대(鏡浦臺),

한송정(寒松亭), 월송정(越松亭) 등

산과 물의

신령과 더불어

사선이 노닐던 곳,

금란지교를 맺었던 곳마다

사선봉(四仙峯)

사선정(四仙亭)

사선비(四仙碑) 등의

이름은 남았지만,

천년의 세월이 흐르는 동안

정자는 간 데 없고

비석은 깨졌네.

현대의 화랑, 국군의 손에

겨우 복원되었다는

이곳 한송정

옛터에 다시

비석이 서고,

솔들은 우람한

옛 모습 되찾기를,

하여 사선의 혼령은 다시

돌샘으로 콸콸 솟고

솔바람 반주로

화랑영가(花郞靈歌) 부르기를,

나, 이십세기 황혼의 노시인은

간절히 축원한다.

04월명사
月明師

월명사를 기리는 노래

월명은 국선(國仙)의 무리에 속했으나
향가에 능한
승려로서 이름을 드날렸다.
피리도 잘 불었다.
보름달처럼 얼굴이 환한 데다
온몸에서 달 냄새가 풍기었다.

일찍 부모를 여의었지만
착하디착한 누이마저 잃었을 때
읊었던 노래
신령을 감동시켜
광풍을 일게 했다.
신주 앞에 놓인
지전을 서쪽으로 날려 보냈다.
(그것은 바로 노래의 힘이
누이의 넋을 서방정토에
왕생케 하였음을 암시한 것이었음)
＞

경덕왕 십구년 사월 초하루에

해가 둘 나타나서

열흘 동안이나 사라지지 않았을 때,

그 괴변을 사라지게 한 것 또한

월명이 산화공덕(散花功德) 지었기 때문.

도솔가 부르며 치성을 드리매

미륵불의 가피를 입었기 때문.

「제망매가」와 「도솔가」를 모르는 이

이래 서라벌엔 아무도 없었다.

하지만 못지않게

월명의 이름을 드날리게 했던 것이

다음의 일화.

월명의 거처는 사천왕사(四天王寺)였다.

그 절 앞의 훤칠한 벌판엔

유난히 달맞이꽃들이 많았다.

동산에 둥두렷이 달이 떠오르면

기다렸다는 듯이

여기저기 사방에서

폭 포시시, 소리가 들린다.

폭 포시시, 소리가 들린다.

달빛 받자 부풀어 오른 꽃망울들이

저절로 터지며 벙으러지는 소리,

삽시간에 벌판은

달맞이꽃 사태····

하얗게 야들야들

무구한 꽃잎들이

수줍음에 떨고 있는 게 보인다.

일이 그쯤 되면

월명도 어느덧 절에서 나와

한길에 서게 된다.

피리를 불게 된다.

얼마나 오래 피리를 불었을까?

풀벌레들은 진작 울음을 그쳤거니와

벌판은 이제

차라리 달맞이꽃 바다였다.

멀리 황룡사(皇龍寺)의 구층탑만이

그림자를 드리울 뿐,

온 서라벌이 달빛의 바다였다.

휘황찬란한 열반의 바다였다.

중천에 솟은

은쟁반 같은 달은

아주 영영 걸음을 멈춘 듯

월명의 피리 소리에 홀려

탈혼(脫魂)의 상태였다.

도솔가(兜率歌)

경덕왕 십구년 사월 초하루에
두 개의 해가 나란히 나타나서
열흘 동안이나 사라지지 않았다.

일관(日官)이 아뢰기를
'인연 있는 중을 청해 산화공덕 지으면
재앙을 물리칠 수 있을 것입니다.'

마침 월명사가 대궐 앞을 지나다가
불려 들어가서
지은 것이 도솔가.

　오늘 이에 산화가(散花歌) 부르면서
　뿌리는 꽃아 너는 은근하고
　곧은 마음의 시키는 바 되어
　멀리 도솔천의 미륵님을 모시어라

월명의 지성이 통했음인지

이내 해의 괴변은 사라졌다.

뿐만이 아니라,

왕이 이를 가상히 여겨

품차(品茶) 한 봉과 수정염주 백팔 개를

하사하려는데,

느닷없이 고운 동자(童子)가 나타나서

공손히 차와 염주를 받아

궁전 서소문 밖으로 가 버렸다.

왕이 동자를 뒤쫓게 하니

그는 내원(內院)의 탑 속으로 사라졌고

차와 염주는 남쪽 벽화 미륵상 앞에 놓여있는 것이었다.

조정과 민간에서 이 일을 모르는 사람이 없었다.

왕은 더욱 월명을 공경해서

다시 명주 일백 필을 하사했다.

제망매가(祭亡妹歌)

월명은 국선이자 승려였다.
향가에 능했고 피리를 잘 불었다.

한번은 달밤에 피리를 불며
사천왕사 앞 큰 길을 가는데,

달이 감동하여 가기를 멈추었다.
그 일대는 대낮처럼 밝아지고····

하여 그 길은 월명리라 불렸고
월명은 크게 이름을 드날렸다.

일찍이 죽은 누이를 위해 재를 올리고
제사 지냈을 때 그는 이런 향가를 읊었거니.

 죽느냐 사느냐의
 갈림길이 눈앞에 홀연히 다가서매 두려워져서
 나는 갑니다란

말도 못하고 가 버렸느냐

어느 가을 이른 바람에

여기저기 떨어지는 잎과도 같이

한 가지에 나고서도

가는 곳을 모르다니

아으 극락정토에서 만나게 될 걸 믿고

도를 닦아 기다리련다

그러자 문득 광풍이 일어

지전(紙錢)을 서쪽으로 휘몰아 갔다.

실은, 바람이 지전을 불어

저 세상 가는 누이의 노자로 삼게 하였던 거.

05죽지랑
竹旨郎

모죽지랑가(慕竹旨郎歌)

지난봄들은 그리워하니

늙고 병든 이 몸의 마디마디,

고목에 싹이 트듯 아프고 저려 오네.

생각의 구비마다 떠오르는 님의 얼굴

처음엔 꽃의

신선함도 따를 수 없더니,

빙그레 웃으시면 보는 이의 가슴 속에

그 화기(和氣)가 닷새는 가더니.

그 무렵 이 몸을 간악한 무리에서

건져 주신 일 생각하면 지금도 눈물 나네.

이윽고 나라의 부르심 받아

사대(四代)의 임금을 지성껏 섬기시니.

곱던 얼굴 잔주름 잡히시고

검던 머리 학발이 되시더니,

눈 깜빡할 사이에

영영 잠적을 하시고 말다니.

죽지령(竹旨嶺) 넘어

아득한 데로 가면 만나 뵐 것인가.

님 그리워 떠나는 마음의 길

어느 쑥굴헝인들 마다하오리.1)

---

1) 8구체 향가 「모죽지랑가」는 죽지랑 사후에 그의 낭도였던 득오곡(得烏谷)이 읊은 추모곡이다. [편집자]

06충담사 忠談師

안민가(安民歌)

1

삼월 삼일과 구월 구일이면

남산(南山) 삼화령(三花嶺) 미륵세존께

차를 달여 드린다는 충담사를 아시오?

알구말구요, 신라 제일가는 향가 시인.

그가 지은 「기파랑을 기리는 노래」

그 높은 뜻을 좇다 보면 시간을 여읜다오.

2

경덕왕 이십사년, 그날도 삼월 삼일

왕은 처음으로 충담을 만났다.

그의 온몸에서 풍기는 위의(威儀),

가진 것이라고는 앵통(櫻筒) 안의 다구(茶具)밖에 없었건만.

왕이 청했다.

내게도 차 한 잔 주실 수 있겠소?

>
차 맛도 이상하고 잔에서까지 풍기는 이향(異香)이
왕의 심신을 맑게 했다.

스님이 지은 「기파랑을 기리는 노래」
그 뜻이 매우 높다고 들었는데 과연 그러한지?

예, 그러하옵니다.
나직하고 가라앉은 충담의 대답.

그 목소리에서도 향기가 풍긴다고
왕은 생각했다.

그러면 나를 위해
안민가를 지어 주오.

   3
임금은 아버지요
신하는 사랑하는 어머니이고
백성은 어린 아이로다 여기시면
백성이 그 사랑을 알리이다

구물거리며 사는 백성이나

사랑을 먹으면 잘 되게 마련이니

이 땅을 버리고 어디로 갈 것이뇨

한다면 나라 안이 유지됨을 알리이다

아으 임금답게 신하답게 백성답게

한다면 나라 안이 태평하리이다

4

왕이 이를 어여삐 여겨

그를 왕사(王師)로 봉하려 하였으나,

충담은 두 번 절하고

굳이 사양하며 받지 않았다.

찬기파랑가(讚耆婆郞歌)

떼구름 헤치고 보름달 나타나니
온 누리가 휘영청 밝았구나.
다만 아직도 흰 구름 두 조각이
무심히 떠있을 뿐.

옥피리 불며 하늘 날던
천녀가 떨군 옷자락일지 몰라.
달은 저 흰 구름 좇아
서방정토로 떠가는 게 아닐까?

「아니오, 저기 파란 냇물 위에
비쳐 있는 기랑(耆郞)의 모습을 보이소.
이 몸은 사뭇 황홀해지다 못해
숨이 막힐 지경. 비교를 불허하는

인간의 아름다움, 그것은 마음의
드러남이니, 낭(郞)이 지닌 마음의 깊이를
더듬어 보려 하오. 언제까지라도,

저 냇가의 조약돌 사이사이.」

아으, 하늘과 땅과 사람이 더불어 반한
화랑 중의 화랑이여, 님의 기개는
드높이 솟은 상록의 잣가지라
눈도 서리도 감히 못 미치네.

* 제3·4연은 달의 발언임

07영재
永才

우적가(遇賊歌)

영재는 익살맞고 슬기로웠던 신라의 중,
향가를 잘 해 소문이 자자했다.
나이 구십에 남루를 걸치고
장차 남악(南岳)에 은거하려 하니,
지팡이 앞장서서 대현령(大峴嶺)에 닿았는데
도적 수십 명이 칼날을 들이댔다.
하지만 그의 화기(和氣)에 물들어서
서슬이 죽자, 수상히 여긴 도적들이
이름을 물으니 영재란다.
다음의 노래는 그때 도적들이 짓게 한 것.

「제 마음 본성을 깨치지 못해
악몽보다도 어둡고 어지럽던 수령의 나날,
겨우 고개를 내밀었다간
또 빠지곤 했던 일이 이제는 이득혜리.

홀로 숨어서 이 길을 가려 하나
사방 도처에서 빛이, 훈풍이, 새소리 물소리가

쏟아져 오니 화락하기 그지없다.
어찌 그릇된 파계주(破戒主)를 두려워하랴.

옛날 부처님의 전신이던 살타 태자는
굶주린 호랑이와 그 일곱 마리 새끼를 위해
스스로 제 목을 마른 대로 찌르고는
낭떠러지 아래로 뛰어내려 목숨을 버렸거니.

이 내 목에 칼이 기어이 찔린다면
차라리 좋을시고. 흐르는 핏속에서
새 날이 밝아 오리. 다만 그 정도의
선업으론 정토에 못 이를까 한이로다.」

도적들 크게 감동하여 비단 두 필을
그에게 주니 영재는 웃으면서
'재물이 지옥 가는 근본임을 알아
바야흐로 깊은 산에 숨어서 살려는
이 몸이 어찌 이것을 받겠는가'
하며 땅에 비단 두 필을 내던졌다.
그러자 도적들도 일제히 무릎을 꿇고
가졌던 칼과 창들을 내버렸다.

그길로 머리 깎고 영재의 도제 되어

더불어 지리산에 숨었다 한다.

다시는 세상에 나오지 않았단다.

08 신라의 노옹   헌화가(獻花歌)

바다에 솟은 천 길 낭떠러지
그 위에 철쭉꽃이 만발해 있다.
바야흐로 기운 햇살을 받아
한결 맑게 불붙는 홍옥 떨기,
천상의 등불이 켜진 듯하구나.

한참을 그렇게 넋 잃고 바라보던
수로부인(水路夫人) 얼굴에도 홍조가 떠올랐다.
'누가 저 꽃을 꺾어다 주겠느냐?'
종자들은 군침을 삼켰을 뿐,
아무도 감히 나서지 못하였다.

때마침 암소를 끌고 지나가던
노인 한 사람이 그 말을 듣자
백발홍안에 미소를 띠더니
이렇게 노래했다, 소리도 낭랑하게.

  자줏빛 바위 가에

잡고 있는 암소 놓고

나를 아니 부끄러워하신다면

꽃을 꺾어 바치오리다

부인이 그저 고개를 한 번

끄덕인 건 사실이다. 노인을 의심

하기도 전에. 그러자 모든 일은

일순에 이루어졌던 모양.

부인의 비취 팔찌가 무색하게

지금 그녀의 손에는 한 아름

활활 철쭉꽃이 불타고 있다

꽃을 바쳤을 때의 노인의 눈빛처럼.

09처용
處容

처용가(處容歌)

달이 이렇게 휘영청 밝으면
일찍 집에 돌아가게 안 되지.
풍악과 노랫소리 끊이지 않는
서울의 밤거리가 좋아서는 아니라오.

달빛이 이렇게 바닷속까지 스미어들 땐
두고 온 고향 생각이 나서 그래.
망해서(望海寺)에서 아버지 동해의 용을 생각하고
흘린 눈물 두세 방울

그냥 바닷속으로 진주인 양 굴러 떨어지데.
우리 칠칠한 용(龍) 칠형제가
수정궁에서 여의주 희롱하며 놀던 때가
어제 일처럼 눈앞에 삼삼한데.

헌강대왕께선 이 마음 돌리려고
미인 아내에다 급간(級干) 벼슬까지.
하기야 그런 미인 우리 고향엔 없고말고

온 동해를 샅샅이 뒤진대도.

아내야 아내, 내겐 더없이 소중한 아내,
내가 밤늦게 흥청거리며 돌아왔다고 해서
미안한 생각이 없었던 건 아냐.
내가 슬퍼했던 기색을 죽이려고 그랬던 거야.

그런데 나는 정말 간이 콩알만 해졌었다오,
피는 얼어붙고 머리칼은 곤두서고.
당신을 덮친 그 사나이가 어쩌면 그렇게
나를 그대로 빼내다니, 엄지발가락 긴 것까지.

나는 그만 어이없는 웃음이 새나왔소.
도대체 어떤 개새끼가 이 따위야,
처용을 빼낸 또 하나 다른 처용……
당신이 속은 것도 무리는 아니었소.

  서울 밝은 달에
  밤 깊이 노닐다가
  돌아가 자리 보니
  다리가 넷이어라

>
둘은 내 것이나
둘은 뉘 것인고
본디 내 것이다만
앗긴 걸 어찌할꼬

나는 이렇게 노래를 부르면서
밖으로 나오는데, 차라리 춤을 추며,
휘영청 달이 이끄는 곳이라면
다시 아무데나 따라나설 참이었지.

놈이 내 앞에 무릎을 꿇더군.
놈은 역신(疫神)이었다오. '맹세코 이 후로는
공(公)의 형용을 그린 것만 보아도
그 문에 들어가지 않겠나이다.'

이렇게 그는 뉘우치고 사라졌소.
자 이젠 당신도 나를 따라 춤을 추소.
노래와 춤엔 귀신도 감동하고
역신도 얼씬 않지. 사귀(邪鬼)도 달아나고.

10 도성과 관기
道成　觀機

포산(包山) 이성(二聖)

도성은 북녘 굴에

관기는 남녘 재에 암자를 짓고 살아

서로 떨어지기 십 리 가량이나

구름을 헤치고 달을 노래하며

그들은 매양 왕래하였단다.

시간이란 그들에겐

바위에 말라붙은 이끼나 같았고

마음에 걸리는 아무것도 없었기에

풀잎을 보면 풀잎이 되었다가

물소리 들으면 물소리 되었고.

나뭇잎을 엮어서 몸을 가렸어도

병을 몰랐거니. 산의 정기가

머리끝에서 발톱 끝까지 배고 스민 탓.

도성의 뜻이 관기를 부르면

산중의 수목은 잎마다 가지마다

일제히 남으로 읍하듯 굽히어서

관기가 이를 보곤 북녘 굴로 갔고

관기가 도성을 맞고자 할 땐

수목은 저절로 북으로 굽어서

도성이 오곤 했다.

만나면 빙그레 합장하며 웃거나

나란히 바위 위에 단좌하여 햇빛을 쪼이거나

말 없는 가운데 말은 녹아서

허파를 넘나드는 한없는 부드러움,

감미로 화했을 뿐.

그런데 어느 날

먼저 도성이 이승을 떠났다.

그가 늘 조용히 앉곤 하던

바위굴을 한 몸으로 꿰뚫고 나가

하늘로 날아갔다. 그러자

관기도 뒤따라 떠났단다.

11 혜현
惠現 573-630

혜현구정기(惠現求靜記)

백제가 낳은 가장 뛰어난 고승은 누구던가? 바로 혜현(惠現)이 그 사람일 것이다. 한때 일세를 풍미하던 그도 나중엔 정퇴하여 산속에서 일생을 마쳤으나, 그 이름은 멀리 중국에까지 알려져서 당나라 『속고승전(續高僧傳)』에는 그 전기가 실려 있다.

혜현은 어려서 출가하였다. 연꽃봉오리 사미 때부터 기골이 늠름한 비구가 될 때까지 그는 조석으로 법화경 외우기에 여념이 없었다. 경 중의 경이라는 법화경만을 받들어 지니어서 읽고, 외우고, 베껴 온 까닭에 그는 남달리 뛰어난 심신을 지니게 된 것일까. 그 이목구비의 청수함이라든지 비할 데 없는 총명도 그러하나 그 중에서도 희한한 것은 그 음성의 신통력이었다.

혜현이 목욕재계하고 단정히 앉아 법화경을 외울 때엔 낭랑한 목소리가 멀리 십 리 사방에서까지 울렸다 한다. 흐르는 물에서도 바람결에서도 들렸다 한다. 그 음성을 듣기만 하여도 속진을 여의고 어지러운 심신이 맑아진다는 소문도 날 만했다. 벙어리이자 귀머

거리가 칠일칠야(七日七夜) 예불 끝에 혜현의 송경 소리로 말미암아 입도 귀도 한꺼번에 트이게 되었다든가, 장님이 송경하는 혜현의 옆방에서 백일기도 드리던 중 차츰 희미하게나마 트이는 듯한 두 눈 위에 어느 날 혜현이 그 지송(持誦)하는 법화경을 올려놓자 활짝 피어난 연꽃 속에 안긴 듯 광명이 사방에서 쏟아져 오더라는 이적도 그 중의 한두 가지이다.

혜현은 다름 아닌 보현보살의 화신일 게라는 소문까지 났으나 그는 조금도 젊은이답지 않게 마음이 들뜨는 일이 없었다. 모든 공덕은 불보살에게 회향할 일이라고 진심으로 그렇게 생각했다. 또한 그는 일체의 염증을 몰랐다. 조석으로 외우는 경이건만 그 입엔 한 번도 침이 말라 본 일이 없었고 그 어금니에선 언제나 그윽한 향기가 일었다. 모든 일에서 도무지 심신이 부드러울 따름으로 쇠환이 깃들 여지가 없었다. 그의 하루하루는 염주 알 이어지듯 그렇게 한결같이 평화롭고도 알찬 것이었다.

또한 그는 어느덧 법화경 말고도 삼론(三論)을 전공하여 그 오묘한 이치에 환히 통달하게 되었다. 그 무렵 그는 수덕사(修德寺)에 거주했다. 법문을 들으려는 사람이 모여들면 그는 나아가 강론을 하였고 없으면 홀로 송경삼매에 빠지곤 하였다. 그의 일거일동이 잔잔하면서도 걸림이 없었기에 자연스럽게 흐르는 물과 같아 곁의 사람들을 감화하는 힘이 은연중 퍼지어서 차츰 크나큰 강물을 이루었다. 나날이 문밖엔 신발이 늘어갔다. 그를 흠모하여 사방도처에서 운집한 무리들. 물론 그런 사람들이 대부분이었지만 꼭 그렇게만 되지는 않았다. 위로는 왕족이 있는가 하면 도적이 있었고 죄인도 있었다. 어리석은 사람, 현명한 사람, 그를 시기하고 모함하려는 사람, 시험해 보려는 이, 농락하려는 자, 이렇듯 그 중엔 별별 계층의 별별 근기의 별별 저의의 사람들도 섞여 있어 뜻하지 않은 소란을 피우는 일도 있었다. 그러나 훌륭한 원정이 가지가지 초목을 다스리듯 혜현은 사람들의 그 근기와 경우를 가려내어 누구에게나 알맞게 고르게 훌륭히 응대했다.

그의 혓바닥은 오직 모든 불보살 공덕을 찬미하고 법륜을 굴리어서 중생의 미혹을 깨치는 일에만 소용이 닿도록 만들어진 듯했다. 강론을 하랴, 법담을 하랴, 은연중 말이 늘은 것은 사실이나 이치에 안 닿는 말, 꾸미는 말, 함부로 하는 말을 입 밖에 내어본 일은 없었다. 그의 법문을 들어본 사람이면 누구나 그

변설의 상쾌함을 들어서 기리었다. 혜현 법사의 설법을 당할 자는 변재천녀(辯才天女) 말곤 없을 것이라고. 그리하여 많은 사람들이 수희공덕(隨喜功德)의 마음을 내어 불자로서의 참된 수행에 힘쓰게 되었다.

그러나 차츰 혜현의 심경엔 어떤 까닭모를 변화가 생겼다. 번요한 것이 싫어진 것이었다. 뭇 사람들 오가는 것이, 그들 속에 섞여 마치 권위 있는 사람인 것 같은 자신의 몰골이, 그들의 추앙을 한 몸에 모으고 있다는 것이, 뭇 사람 속에 더불어 살면서도 전에는 아무런 걸림이 없었고 물이 흘러가듯 살았을 터인데, 이 겨울에 까닭 모를 구름은 대체 어찌하여 일게 되었을까. 그러자 자신이 더욱 하찮은 존재인 것 같은 도저히 남을 인도할 자격은 없는 것이라는 생각이 들었다. 그 번뇌의 구름은 좀처럼 스러지지 않았다. 오히려 그것은 구름이라기보다 살 속에 깊이 파드는 가시처럼 마음을 조여 왔다.

드디어 어느 여름날 새벽 그는 아직 총총한 별빛 따라 아무도 모르게 수덕사를 벗어났다. 그의 발길은 멀리 강남(江南) 달나산(達拏山)에 이르렀다. 은자들이나 수도를 할 만한 곳, 산은 높고 바위는 험했으나 인적이 끊인 심산의 정기는 혜현의 마음을 한결 부드럽게 누그러지게 했다. 그는 암자를 짓고 정좌하여 세념을 잊고자 다시는 산중을 떠나지 않았다. 수중엔 한 권의 경전도 없었다. 그는 오직 고요를 누리었다. 고요함 속에서 고요를 보고 고요를 숨 쉬며 고요에 귀를 기울이면 족하였다. 어쩌다가 산중에 동학을 만나는 경우가 있더라도 그는 미소하는 침묵으로 답하였다.

　고요라 하여 정지의 상태, 죽음의 적정을 뜻하는 건 아니다. 고요를 본다는 건 고요 속의 움직임을 본다는 뜻이고, 고요를 숨 쉼은 늘 새롭게 시시각각을 누림을 말함이요, 고요에 귀를 기울인다는 것은 온몸 온맘으로 고요 속의 움직임, 움직임 속의 고요를 실현하여 자연 그 자체에 동화함을 의미한다. 생명의 무한 조화, 거기 자연의 의미가 있었다. 주어진 그대로 미완성이자 완성의 모습을 보이며 있는 생성의 신비. 그리하여 참되게 있는바 모든 것은 그지없이 아름답다. 그 무슨 까닭으로 난생(卵生), 태생(胎生), 습생(濕生), 화생(化生)을 가리랴. 또는 유색(有色), 무색(無色)을 운운하랴. 삼라만상이 근본은 하나인 걸. 설법은 경전에만 있는 것이 아니었다. 비록 미천한 것, 덧없는 것, 변전하는 것, 목숨이 없는 물건에서까지 그는 무량의 부처님 설법을 듣게 된 것이었다.

봄, 여름, 가을, 세월은 흘러갔다. 그는 스스로의 나이도 잊었으나 그의 하루하루는 나날이 새로웠다. 물소리, 바람소리, 돌, 나무, 구름, 풀뿌리, 나무껍질, 모래알 하나하나, 그 어느 것이나 그에겐 위없는 대화엄경(大華嚴境) 아닌 것이 없었다. 모래알 하나의 관상(觀想)만으로도 그는 능히 시공을 잊는 것이었다. 그것은 그가 그 만큼 자기 안에 무량의 고요를 지녔던 탓이리라. 그 자기 안의 자기도 몰랐던 고요를 찾아 고요에 이끌리어 그는 이렇게 산중의 은자가, 고요의 화신이 되었던 것이리라. 인적이 끊인 심산 암자에서 그는 어느 날 묵묵히 입정한 채 이승을 하직했다.

그의 동학이 시체를 운반하여 석실 가운데 안치하였던바 난데없이 범이 나타나서 그 시체를 깨끗이 먹었으나 오직 흰 해골에 혓바닥만을 남겨 놓았단다. 기이하고도 기이한 일이었다. 왜 하필 혓바닥만을 남겨 놓았을까. 하긴 그 한 조각 혓바닥이야말로 혜현의 살 중에선 가장 그답게 그의 전 생애의 정수가 집약된 살 중의 살이요, 따라서 죽어도 죽지 아니할 신비를 지닐 만한 부분이기도 했다.

본래 사람의 혓바닥이란 남을 기리기 위해서 있는 것이라고도 볼 수 있다. 사람은 더불어 살게 마련이며 남의 공덕을 입지 아니하고 사는 사람은 아무도 없으므로. 그런데 사람들은 남의 공덕을 기리기는커녕 될수록 남을 헐뜯고, 욕하고, 비웃고, 모함하고, 원망하는 일에 더 혓바닥을 놀리기 일쑤이다. 심지어 혓바닥은 남을 죽이는 일도 저지르며, 자신의 파멸을 가져오기도 한다. 무서운 혓바닥, 온갖 재앙의 근원인 혓바닥, 아마 그런 사악한 혓바닥이었다면 이미 살아서도 병들 터이지만 죽어선 제일 먼저 썩을 것이 분명하다. 인간의 살 중에선 가장 고귀한 부분일 수도, 반면에 가장 사악한 부분이 될 수도 있는 것이 혓바닥일 것이다. 혜현의 반생은 그런 뜻에서 누구보다 고귀한 혓바닥의 사명에 살았던 시절로 보인다.

혜현의 만년 또한 소리 없는 말을 통하여서, 말과 침묵이 일치된 상태, 가장 투명한 고요를 통하여서 더없이 정화된 시기였으리라. 그의 설법은 죽을 때까지 이어진 것이나 다름이 없으리라. 아니 죽어서도 살아서 남은 혜현의 혓바닥은 여전히 어디선가 소리 없는 설법을 지금도 은밀히 뇌이고 있으리라.

혜현의 혓바닥은 삼 년의 추위와 더위를 겪고도 오

히려 처음의 붉은 빛깔과 연한 감촉 그대로였다지만 나중엔 변하여 붉고 단단하기 돌과 같았단다. 그리하여 도속(道俗)이 이를 공경하여 석탑을 세워서 그 안에 길이 간직하였다고 전기엔 적혀 있다.

12원효
元曉 617-686

원효봉(元曉峯)에서

원효봉 꼭대기 원효바위에서
원효는 새벽에 선정에 들었다.
동쪽의 백운대·인수봉에서 영취봉 거쳐
햇덩이 같은 북한산 정기가 가슴으로 다가왔다.

그 정기가 가슴을 뚫고 나간
그 자리에는 선명한 만자(卍字) 무늬가 새겨졌고,
추위도, 배고픔도, 신라도, 당나라도, 그런 것들은
티끌 속 티끌로 잦아들고 없었거니.

문득 제 정신이 들었을 때엔
아아, 저만치 서해에 홍련 같은
해가 지고 있었다. 활활 타오르며.

낙조를 받고 맞은편 의상봉도
취한 듯 홍조를 띠고 있었다. 마치 의상봉은
하늘로 솟구치는 붉은 용 같았다.

13최치원
崔致遠857-?

환학대에서 최치원을 생각하다

쌍계사에서 불일폭포 가는 길에
환학대(喚鶴臺)를 만났다.
지리산 남록, 볕바른 품에 안긴
넓고 큰 바위, 그 옛날 고운(孤雲)이
학을 불러 타고 노닐었다는 바위.
그 위에 오르니, 감개무량했다.

아, 최치원, 고운 최치원,
일찍이 이 나라 한문학의 조종이자
신라의 대표적 최고 시인으로
그 이름을 모를 자 누가 있으리오?
하지만 즈믄 해의 비바람 찬 서리로
그는 전설 속의 인물인 줄 알았거늘.

그러기에 내가 쌍계사에서
진감선사비, 고운이 지은 비문을 접했을 때,
기적처럼 남아 있는
그 완벽한 필치를 보았을 때,

나는 깨달았다

고운은 결코 멸할 수 없다는 걸.

「열둘에 배를 타고 바다 건너와선

글발로 중국을 뒤흔들었네

열여덟에 문단을 휩쓸더니만

단번에 급제했네 문과 장원에」

어떤 당(唐) 시인이 이렇게 찬탄했듯

그는 도처에 찬란한 신화를 뿌리고 다녔거니.

스물아홉의 금의환향은

그에게 걸맞은 요직을 안겼으나,

고운 한 사람의 예지와 포부로는

이미 너무 늦은

난마의 조정과 기울은 국운.

하여 그는 지방의 태수를 자청했다.

나중엔 아예 관직에서 물러나서

두루 산천을 유람하기 시작했다.

이 나라 본래의 현묘한 도를 찾아

천지와 하나가 되고자 하였던 것.

해·구름·바위·물·학·사슴·거북
대·솔·불로초, 십장생이 그의 벗들.

청산이 좋아 청산에서 살리라고
어느 날 가야산에 들어간 후로는
다시는 속세에 나타나지 아니했다.
누가 그를 죽었다고 말하는가?
이 나라 산수와 더불어 하나 된
고운의 얼은 영생을 누리나니.

그의 죽음을 본 이는 세상에
아직 단 한 사람도 없을 수밖에.
환학대에서 고운을 생각하다가
문득 점두되는 일이 있었다.
고운이 학을 손짓하여 오게 한 건 아니고
고운과 벗하러 학이 스스로 날아온 것이라고.

고운이 바위 위에 좌정하여
선정 삼매에 들면
그는 홀연 보이지 않게 되고,
대신 그 자리엔 늘 한 자락의

하얀 구름이 외롭게 떠 있었다.

학이 그런 구름을 보면 안 올 수 있겠는가?

풍류

중중무진의 지리산 품속에서 신선이 되어 버린
신라의 대문장 고운의 자취 찾아,
보이지 않는 현묘지도를 찾아 이리저리 노닐다가
구름 따라, 바람 따라 벽공으로 사라져 버릴까나.

14 나옹
懶翁 1320-1376

봉미산(鳳尾山) 신륵사운(神勒寺韻)

고금을 하나를 꿰뚫고 흐르는 여주 남한강 가
신륵사에는 나옹 화상 입김이 도처에 서려 있다.
화상이 처음 이곳에 당도하여 꽂았다는 지팡이가
지금은 육백 년 묵은 거창한 은행나무.

조사당에서 화상의 영정을 친견하고
이내 그분의 사리를 봉안한 석종부도(石鐘浮屠)와
석종비(石鐘碑)와 석등(石燈)을 참배하다. 팔각 석등엔
면마다 비천녀(飛天女)와 비룡(飛龍)이 살아 꿈틀거림이여.

화상의 혼령은 석종 부도 안에 있는 게 아니다.
청산에 깃들어서, - 말없이 살라 한다.
창공에 깃들어서, - 티 없이 살라 한다.

 탐욕도 빗어놓고 싱냄도 벗어놓고
 물같이 바람같이 살다 가라 한다.
캄캄절벽의 벽창호인 우리들 후손에게.

15휴정
休靜 1520-1604

서산 대사 다시(茶詩)에 부쳐

낮에는 차 한 잔　　　晝來一椀茶

밤에는 잠 한 숨　　　夜來一場睡

푸른 산과 흰 구름　　靑山與白雲

함께 무생사를 말하네　共說無生死

차 한 잔 있기에 낮은 좋아라

잠 한 숨 있기에 밤은 좋아라

하루 온종일 나쁜 때가 없구나

알찬 나날은 염주 알 굴러가듯

저 푸른 산과 흰 구름을 보아라

참으로 무심히 더불어 어울리며

말없는 가운데 진리를 말하누나

산은 산이요 구름은 구름이되

산과 구름은 둘이 아님

나고 죽음은 본시 없는 것임

16진묵
震黙1562-1633

진묵 대사의 선정(禪定)

진묵 대사가 상운암(上雲庵) 조실로 있었을 때의 일.
탁발 행각에서 달포 만에 돌아온 대중 스님들은
경악해 버렸나니. 앉은 자세 그대로
대사의 무릎엔 먼지가 수북했고,

얼굴엔 거미줄이 쳐져 있었기에.
겨우 선정에서 깨어난 진묵은
큰 눈을 뜨고, 뜨락 건너 산들의
잎 떨린 모습, 초겨울을 깨닫는다.

'벌써 그렇게 시간이 흘렀는가?
자네들 떠난 것이
오늘 아침의 일인 것만 같은데……'

진묵이 이렇듯 깊은 선정 삼매에 들 땐,
진묵은 이미 진묵이면서도 진묵이 아니다.
우주의 근원과 진묵은 하나로 통하는 까닭.

성모암(聖母庵)

조선 왕조 통틀어도 진묵 대사만큼
많은 이적과 신비에 싸인 스님은 없다.
승속과 귀천을 가리지 않고
불교 이념 실천했던 희대의 걸승이나

명리에 아랑곳 않고 유·불·선을 하나로
꿰뚫었던 풍류도인. 또한 그는
효성이 지극했다. 홀어머니 모신 묘소,
그곳이 실지로 무자손천년향화지지2)일 줄이야.

오늘 우리 일행은 성모암 찾아
꽃과 향불 올리면 묘소를 참배하다.
천년을 투시한 대사의 법안이여.

오, 정화된 인연의 아름다움.
결국 종말은 없다고 해야 하리.
종말은 동시에 새로운 인연의 시작이겠기에.

---

2) 무자손천년향화지지(無子孫千年香火之地) : 자손은 없으되 영원히 제사분향을 받을 자리. [편집자]

진묵 대사 게(偈)

하늘 이불, 땅 자리, 산은 베개 삼고
달, 촛불, 구름, 병풍, 바다는 술통이라
크게 취해 슬그머니 일어나 춤추니
아뿔싸 기나긴 소매 곤륜산에 걸릴라

망모(亡母)를 위한 진묵 대사의 제문3)

열 달 동안 태중의 은혜를 무엇으로 갚으리오. 슬하에서 삼 년 동안 길러 주신 것을 잊을 수 없나이다. 만세에 다시 만세를 더하여도 자식의 마음은 오히려 아쉬운데 생애 백 년도 채우지 못하셨으니 어머니의 수명은 어찌 그리도 짧습니까. 표주박 하나로 노상에서 걸식하는 이 중은 이미 말할 것도 없사오나 규중에 혼자 남은 어린 누이로서는 어찌 슬프지 않겠나이까. 상단(上壇)을 마치고 하단(下壇)을 파하자 스님들은 각기 제 처소로 돌아갔습니다. 앞산은 첩첩이요 뒷산도 겹겹인데 혼령은 어디로 떠났습니까. 아으 애달퍼라.

---

3) 진묵 대사가 어머니 49재 때 올렸다는 축문. 원문은 이렇다. 胎中十月之恩何以報也 膝下三年之養未能忘矣 萬歲上更萬歲 子之心猶爲嫌焉 百年內未滿百年 母之壽何其短也 單瓢路上行乞一僧 旣云已矣 橫釵閨中未婚小妹 寧不哀哉 上壇了下壇罷 僧尋各房 前山疊後山重 魂歸何處 嗚呼哀哉. [편집자]

17한암
漢巖1876-1951

상원사(上院寺)에서

해발 천오백 미터, 상원사 기슭에 이르렀을 때
구슬땀은 흘러서 아득한 골짜기의 냇물이 되었다.
수목의 바다, 보이지 않는 높이의 가지에서
바람은 한꺼번에 나의 온 핏줄을 꿰뚫었다.
눈이 번쩍 뜨이는 것이었다. 조실 문 앞에
이르렀을 땐 난 이미 할 말을 잃고 있었다.

스님은 한가운데 단좌하신 채, 안 계신 듯
계시는 화안한 모습엔 아랑곳할 것 없이
서느런 방바닥에 이마를 조아리고 난 철없이
졸고 싶었다. 허나 무엇이건 말을 해야 했다.
문득 벽에 헌 족자가 보인다. 달마대사의 도강도였다.
'스님 대사께서 갈잎을 타시고 저 바다 같은 강을

건너실 도력이 있으셨다면 갈잎을 안 타셔도 능히
도강을 하셨을 게 아닙니까?' 뉘우칠 새도 없다.
'허 그게 다 망상이란 거죠.' 비록 나직하나
낭랑한 소리였다. 어디서인지 또 바람이 불어왔다.

난 비로소 고개를 들어 스님을 우러렀다. 그의 둘레엔 달무리 같은 후광이 어리어 있는 듯싶었다.

기리는 노래

아무리 살아야 스님의 핏속엔 찌꺼기가 안 고이니
그 하루하루가 알찬 염주 알 이어져 굴러가듯
이어져 한결같은 육십 평생을 살아 온 스님이여

이젠 자고 깸에도 초월하신 듯 주무시는가 하면
옆방에 떨어진 바늘 소리마저 익히 알아들으신다
서나 앉거나 눕거나 거닐거나 곧 그대로 참선이라네

나물 먹고 물 마시고 마음을 닦으시기
태고의 산중에서 늙으신 스님이니 그 몸이야
주름진 살가죽에 뼈마디 앙상해도 신기할진저

스님의 얼굴만은 환히 트인 보름달다움이여
뭇 제자를 거느리시되 늘 한 사람을 대하듯 하시는
스님은 진정 둥근 달의 자족한 덕을 지니셨어라

상원사와 방한암

장중하고 오묘한 오대산 중턱에
상원사는 있구나. 위로는 멀리 적멸보궁(寂滅寶宮)이,
기슭에는 월정사(月精寺). 이 천년 고찰을
사수한 분이 방한암(方漢巖) 대선사다.

6·25 전쟁 때, 전략상 이유라며
후퇴하는 장병이 월정사를 불태웠다.
이어 그들은 상원사로 올라갔다.
혼자 남은 스님의 피난을 종용했다.

'난 못 떠나오. 정 법당을 태우겠거든
노승을 놔둔 채 불사르기 바라오.
기꺼이 소신공양을 하고 싶소.'

하여 상원사는 화재를 면했지만
스님을 끝내 이 절에서 입적했다.
가사장삼 수하시고 결가부좌한 채.

18 속리산 생식도인 산중문답(山中問答)
20세기

도인을 찾다가 산중에서 길을 잃었지요. 일행은 네 사람, 냇가에 앉아 숨을 돌리는데 초부가 지나가기에 사유를 말하고 길을 물었더니 망설이다가 가르쳐 주더군요. 내가 바로 그분의 암자를 지어 준 사람이노라며. 이 속리산 산중에서 아마 그분처럼 공부가 많고 도통한 스님은 안 계실 것입니다. 아직 나이는 젊은 분인데요, 이미 몇 해를 생식만을 해 온 놀라운 어른이죠. 나는 잠시 묵묵히 있다가 불쑥 이런 질문을 해 봤어요. 당신은 무엇으로 그분을 도통한 사람이라 보십니까. 도대체 사람이 도통하면 어떻게 되는지요. 그는 나의 표정도 안 살피고, 어쩌면 심안으로 살폈는지도 몰라, 그러기에 그 순간 나는 확 얼굴이 달았으나, 사뭇 의연한 어조로 타이르듯 대답을 하더군요. 사람이 도통하면 안 보이게 되는 거죠. 나무를 보면 나무가 되고, 바위를 보면 바위가 되는 마음. 안 되는 것이 없는 것입니다. 하고 그는 어느덧 자취를 감췄어요. 그래 일행은 꿈에서 깨어나듯 자리를 뜨고, 그 초부가 가르쳐 준 대로 도인을 찾았으나 영 오리

무중으로 끝내 찾을 수 없었던 것입니다.

후일담

　무슨 줄기찬 인연이 닿았기에 내 또 다시 도인을 찾게 되나.
　여기 속리산을 못 와 본 이는 극락엘 가더라도 되돌려 보낸다는 말이 있다. 살아서 두 번째로 이곳엘 오는 나, 도인을 찾아 아니 갈 수야 없지. 법주사(法住寺) 뒤 계곡을 끼고 한참을 가노라니 병풍처럼 둘러선 산도 깊고 물도 잦아진 곳. 어디에 쉰 동굴이 있는 걸까. 발아래 내를 건너 울울한 풀섶 사이 가파른 오솔길을 올라갔다. 바람도 이곳까진 못 따라오는지, 후두두 듣는 땀방울 소리. 이젠 어지간히 온 것도 같아 걸음을 멈추니 저만치 샘이 뵈네. 그 언저리엔 훤한 공간이 열려 있고. 갑자기 나를 휩쓰는 적막감에 나는 잠시 멍멍해졌다.
　그러자 드디어 그분이 조용히 나타난 것이다. 내 시야 한가운데 회색의 무명 승의를 입은 소박한 그 사람이. 절로 땀이 가셔지는 것이었다. 나는 겨우 반벙어리 인사를 했겠지. 그는 여전히 조용한 거동으로 나를 거실(居室) 앞 마루로 이끌더니 앉으라 한다. 비로소 주변이 보이기 시작했다. 임진왜란 때 쉰 명의 사람들이 피란을 했다 해서 쉰 동굴이라는 곳, 그 어귀에 방을 들이고 옆에는 부엌문이 달려 있어, 동굴은 그리로 넘나들게 돼 있단다. 흰 미닫이 건너편이 거실일 터이지만 그 안을 살필 도리는 없었다. 사방이 울창한 나무들로 들어찬 산속이라 고요하기 짝이 없다. 툇돌 아랜 헌 나무받침 위에 대야가 하나.

사람이 처음 생식을 배울 땐 십리 밖 된장내도 난다던가. 생쌀을 씻어 건져 두었다가 한 끼에 한 홉 정도, 솔잎과 날콩, 그리고 이따금 기름 한 숟갈이 식량의 전부란다. 위장의 질이나 피부색까지 달라질밖에. 그의 가는 손마디나 핏기라곤 없는 피부를 살피니, 옛날 이차돈(異次頓)의 목을 베었을 때 젖빛 같은 흰 피가 솟구치더라는 고사가 떠올랐다. 뭐 산중에 홀로 살자니깐 자연 생식이 편리한 거겠지요. 하고 그는 그윽이 웃는가 싶었으나 여전히 가라앉은 말투가 이어질 뿐. 말이라기보다 그저 잔잔한 물소리처럼 시종여일하게 나직한 가락이지. 그것이 내 폐부에 스며 왔다. 이미 그에겐 심신의 분별이 없어진 것일까. 마음 한 가지, 삼라만상이 그 안에 비치는. 경우에 따라선 그는 각각(刻刻)으로 흐르는 물이다. 또는 나무다. 바위다. 구름이다. 그것이 지금은 이 하찮은 속세의 티끌 몸에 귀를 열어 주는 한 줄기 음성. 본래무애(本來無碍)라 이상할 것이 없지. 허나 이 도인이 분명 신비스런 존재로 비치는 건 내가 아직도 살과 피의 굴레를 못 벗어난 천골인 탓이리라.

그럼 동굴이나 구경하실까요, 하고 그는 일어섰다. 안으로 파인 깊숙한 굴 속인데 처음엔 침침해서 분간이 안 되다가 차차 어둠에 익숙해지니 그 크기가 미상불 쉰 명쯤은 능히 수용하고 남음직하다. 온 나라가 왜적의 말발굽에 쑥밭이 됐을 때도 여기 모인 선남선녀의 무리들은 그 천명을 지켰단 말인가. 굴 속 흙벽은 늘 조금씩 물기를 머금어서 습습하다 한다. 이젠 다 왔어요, 하며 그는 조용히 뒤돌아섰다. 저만치 열린 부엌문에서 비치는 한 줄기 미광을 받고, 그때 겨우 그의 상반신만이 아련히 떠올랐다. 꿈속에서처럼, 허나 놀랍게도 선연한 그의 얼굴에선 광채가 났다. 부드럽고도 거의 반투명의 청수한 이목구비. 그러한 얼굴을 나는 꼭 어디서 본 듯한데. 나는 비로소 그 도인의 얼굴을 역력히 뇌리에 새길 수가 있었다. 한낮의 볕 속에선 감히 똑바로 보기가 안 됐거든.

귀로에 들어서자 나는 한결 걸음이 가벼워졌다. 그

러나 불교도 이젠 좀 거리에 나서야 참말이 안 되겠느냐 하던 내 우문이 되살아오자 또 마음이 훗훗해졌다. 산중에 혼자 있어도 말입니다. 그건 혼자 있는 게 아닙니다. 더불어 있는 거죠, 모든 것과. 하던 그분의 말. 그렇다, 참도인이 있다는 건 어디에 있건 간에 그것만 가지고도 족한 게 사실이다. 나는 말하리라, 서울에 가서 중생을 만나거든 이렇게 말하리라. 나는 만났다고, 부드러운 부드러운 사람을 만났다고.

19솔거
率居 신라 시대

노송도 그린 솔거의 말

1

저 암벽에

뿌리를 내린 낙락장송 보게나.

꼭 이 몸의 신세 같구나.

극히 한미한 집안에 태어나서

제대로 자라지도 못할 것 같던

이 몸도 어느덧 일가를 이룬 늠름한 화가.

2

서라벌은 신라라는 국호를 확립하고,

삼국통일의 영광을 꿈꾸는

욱일승천의 기운을 타고 있다.

그 축적된 나라 힘을 기울여서

일찍이 없었던 거창한 불사,

황룡사(皇龍寺) 대가람이 조성 중에 있음이여.

그런데 어찌 사양할 수 있겠는가?

벽화를 그리라는

대임이 이 몸에게 주어진 것을.

무엇을 그릴까나?

하자 그 순간에 영감처럼

떠오른 게 소나무다. 늘 푸른 소나무다.

  3

바닷가 언덕 위의

노송을 그릴까나.

서라벌 역사 함께 한 오백 년 누려 온

아니 앞으로도 천년 만년 누려 갈

왕성한 생명력의 거송을 그릴까나.

뿌리가 땅속에 깊숙이 이리저리

뻗어 내린 모양이 육안엔 뵐 리 없지.

하지만 천안(天眼) 지닌 인간에겐 보인다네.

뿌리가 실해야 줄기는 굵어지고

가지는 사방으로 힘차게 뻗으며

잎들은 늘 푸르고 낏낏하리.

4

벌써 며칠이 지나간 것일까?

아니 두 달이 지나갔다고요?

먹고 잔 일 빼면

가끔 묵상하고 그림 그린 일,

그리고, 그리고, 그런 일밖엔

아무것도 생각이 안 나는데,

많아야 보름쯤 지난 줄 알았는데‥‥

5

용틀임하며 하늘로 솟아오른

줄기는 굵기가 세 아름이 넘을 듯.

가장 높은 우듬지는 뵈지도 않는구나.

불그스름한 줄기에는 용의 비늘들이

무늬도 선명하게 켜켜이 돋아 있어

만지면 손바닥에 비늘 물기 묻을라.

지기와 천기를 받을 대로 받아서

칠칠하기 그지없는 낏낏한 솔잎들은

사방팔방으로 솔향을 뿜고 있네.

＞
보랏빛 신운이 감도는 솔 그늘
그 안에선 호랑이도 유순해져서
산신을 편안히 모시고 싶어지리.

이 운치 있는 노송을 기리다가
말을 잃은 듯, 벽공엔 반쯤
넋 나간 반달이 핼쑥하게 질려 있다.

　　6
그 뒤 이 몸은 계속 바빴거니,
분황사(芬皇寺)의 관세음보살,
이어서 지금은
진주 단속사(斷俗寺)의 유마상 그리는데,
간간이 들여오는 희한한 소식‥‥

까마귀, 솔개, 제비, 참새 등이
황룡사 벽화의 노송에 홀려
무심코 후루룩 날아 들어와선
어쩔 줄 모르다가
떨어져 버린다나.

20안견
安堅 15세기

몽유도원도(夢遊桃源圖)

절세의 명필 안평대군의

夢遊桃源圖 다섯 자만큼

끝내주는 글씨는 없다.

보는 이로 하여금 탈속하게 하여

어느덧 유현의 경계에 들게 한다.

안견이 그린

몽유도원도엔 사람이 없다.

첩첩이 압도하는

기암괴석과

폭포와 흐르는 물,

집도 한두 채, 정박 중인 배도 한 척

있기는 하나 사람은 안 보인다.

보이는 것이라곤

분지에 만발한 수백 그루 복사나무

복사꽃 고운빛,

복스럽고 사랑스런 청정한 기운,

고요와 평화와

탈시간(脫時間)의 그윽함뿐.

생각건대 내게도
몽유도원(夢遊桃源)은 있었던 게 아닐까나.

나는 어렸을 때
자주 아름다운 동산 숲을 노닐었다.

거기선 늘
말랑말랑한 꿈꾸는 태양이
고운 초록의 햇살을 보내었고
기름진 땅에는
기화요초 만발했다.
흐르는 물은 때로 그대로
젖과 꿀이었다.
늘씬한 키의 적송들이 여기저기
한껏 운치를 뽐내고 있었다.
그런데 이상하게
나 말고는 전혀 사람이 없었거니.
허름한 초가집이
한 채 있었으나 빈 집이었고,

고양이 한 마리 없는 것이었다.

다만 곁에

낡은 물레방아 돌고는 있었지만,

물 떨어지는 소리도 안 들렸다.

나는 오랫동안

그것이 꿈인지 현실인지 분간을 못했었다.

내가 어렸을 땐 그렇게 자주 갔던

아름다운 동산 숲을

왜 커서는 찾지를 못하는지?

지금 안평대군의 글씨

夢遊桃源圖 다섯 자에 홀린 끝에

문득 꿈 깨듯 깨닫는 것이 있다.

그렇다, 세상의 모든 어른들은

저마다 다

몽유도원의 체험을 간직하고 있다는 것을.

다만 사람들은

그것을 까마득히 잊고 지낼 따름.

21 정선
鄭敾 1676-1759

인왕제색(仁王霽色)

일만이천봉의 금강산 전경을

보자기만 한 종이나 비단에다

아니, 이를테면 겨자씨 안에라도

완벽하게 그릴 수 있는 화가,

겸재(謙齋)를 아시죠?

그는 신안(神眼)을 가졌던 사람예요.

보이지 않는 사물의 본질을

그는 명확하게 가시화하니까요.

그의 인왕제색도 보면

깜짝 놀랍니다.

찬물로 세수한 듯

눈에서 두꺼운 비닐이 떨어진 듯

정신이 번쩍 나며

여지껏 못 보았던 빛깔들이 보입니다.

여지껏 못 들었던 소리가 들립니다.

여지껏 못 맡았던 향기기 납니다.

*

이것이 인왕산의 진면목이로구나.

온갖 빛깔들이 수렴된 빛깔,

가장 섬세하고도

강력한 빛깔이 먹빛이로구나.

여기저기 검은 바위,

그 중에서도 한가운데의

칠흑의 거암은

침묵 속에서도

뇌성벽력의 소리를 지르다니.

아아, 시원하다.

티끌 하나 없음이여.

기슭의 수목들은

먹빛의 농담 통해

진초록 되거나 연초록 되다니.

시원한 매미 울음을 뿜다니.

싱그럽고 상쾌한 나무 향 풍기다니.

비 갠 뒤라서

개운한 표정의 머리 감은 수양버들.

그러가 하면

골짜기에선 바야흐로 안개가

서서히 피어오르고 있다.

부드럽고 흰 안개,

강약의 흑백 대조.

하지만 실은 그건 상통의 세계다.

무한조화의 본지풍광(本地風光)이다.

   *

겸재는 이렇듯

수묵 빛 하나로도

능히 만상의 본질을 그려 내죠.

현실의 인왕산은

이제 영원히

겸재의 걸작

인왕제색을 모방할 것입니다.

22김홍도
金弘道1745-1806

단원(檀園)과 매화

내일 아침 끼닛거리가 떨어졌다는

마누라의 푸념이 남의 일인 양

아득하기만 하다. (한 그루 매화가

단원을 며칠째 사로잡고 있었기에‥‥)

마침 어떤 그림이 삼천금에 팔리자

부랴부랴 이천에 매화를 사들이고

남은 돈으론 이틀치 양식과

서너 말 술을 사서 매화음(梅花飮)을 차렸다.

고송유수관도인(古松流水館道人)이 먼저 왔다.

이윽고 긍재(兢齋)와 호생관(毫生館)이 들어왔다.

'거 참 기막힌 매화로세!'

술이 거나해질수록 단원의 얼굴은

보름달인 양 환히 떠올랐다.

호생관이 말하기를, '단원이 바로 신선이군.'

소림명월운(疎林明月韻)

숲으로 갈까나

잎 떨군 나목의 숲으로 갈까나

성긴 나뭇가지 사이

어느새 둥두렷이

달 떠오르는

신운이 감도는

숲으로 갈까나

홀로 어슬렁 숲으로 갈까나

흰 무명바지에 동저고릿바람으로

고대의 무우드로

오솔길의 맑은 고요를 누비다가

선구(禪句)나 생각다가

달빛 받아 숨 쉬는 바위 위에

푸른 이끼 위에

호젓이 앉으리니

무미(無味)를 맛보리니

숲으로 갈까나

잎 떨군 나목의 숲으로 갈까나

달 떠오르는

신운이 감도는

23 김정희 세한도운(歲寒圖韻)
金正喜 1786-1856

소나무 두 그루와 잣나무 두 그루에
덩그렁 집 한 칸,
그밖엔 아무것도 보이지 않는 속에
역력히 어려 있는 추사(秋史)의 신운.

권세에 아부하고
이익에 나부끼는 풍진세상의
엎치락뒤치락도
절해의 고도, 이곳에는 못 미친다.

일 년이 하루 같은 추사의 귀양살이,
겨울의 매서움도
그의 가슴 안에서는 봄바람 일게 하고
시들 수 없는 기개를 드높일 뿐.

추운 겨울에
소나무와 잣나무는 돋보이듯이.
도저한 가난에

오히려 가멸이 깃들이듯이.

보기만 해도 마음 훈훈해지는,
옷깃이 여며지는 추사의 얼굴,
군살이라고는 한 군데도 안 남았다.
머리카락도 모조리 빠졌건만.

백설의 나룻에
칠같이 빛나는 두 눈을 보라.
조선의 빼어난 산수의 정기가
그에게 모여 광채를 내는 구나.

소나무 두 그루와 잣나무 두 그루에
덩그렁 집 한 칸,
그밖엔 아무 것도 보이지 않는 속에
역력히 어려 있는 추사의 신운.

완당집필도(阮堂執筆圖)

조선 서예사 이천 년을 한 몸으로 덮고 있는

완당 김정희 선생 집필도 보았는가

하늘에 노닐고 바다와 희롱하던 그 붓 한 자루

나라의 보배이자 세계의 자랑일세

남다른 파란과 고초를 겪었건만

어쩌면 얼굴에 티 하나 없다

가을물처럼 맑고 고요할 뿐

진정 선생은 금강(金剛)의 정기를 한 몸에 지닌 분

선생의 얼과 몸이 둘이 아님이여

선생의 기와 붓이 둘이 아님이여

거기 선생의 늙어도 늙지 않는 까닭이 있다

비교를 불허하는 추사체의 새로움도 거기서 나온다.

24 조희룡
趙熙龍 1789-1866

매화서옥운(梅花書屋韻)

이 운치 있는 서옥을 위해

뒤로는 바로 높고 가파른 산이 솟았고,

둘레엔 온통 매화나무 고목들이

만개한 꽃을 달고, 꿈처럼 서 있구나.

멀리서 보면 흰 눈송이가

일대를 메우고 있는 것 같다.

서옥 안의 고사는 그 짙은 매향에 취해

아무것도 할 수가 없다.

지묵도 제쳐놓고 책도 덮어 둔 채,

탈혼(脫魂)의 상태에서 고사는 한 송이

매화가 된다. 맑고 찬 계류에 떨어진다.

그러자, 이번엔, 작은 나비새끼로 바뀌더니

공중을 하늘하늘 멋대로 날다가

가장 아름다운 매화의 화심에 살짝 안긴다.

25 허련
許鍊 1809-1892

운림산방(雲林山房)

산 좋고 물 좋고 인심 순후한 곳
도처에 기름진 논밭이 널려 있어
한 해 농사로 십 년을 먹을 수 있다는 섬
그 큰 진도의 핵심에 놓인 것이
운림산방이네 한국 전통 남화(南畫)의 본거지
소치(小痴) 미산(米山) 남농(南農) 임전(林田) 4대에 걸친

귀향한 소치가 유유자적하며
그림을 그리려고 세웠던 거처
운림산방 시절의 소치는 이미
천인묘합의 경계를 노닐었다.
특히 수묵 모란도는 신품이었거니
담채의 노송(老松) 노매(老梅)도 좋았지만

수묵 하나로 산수의 유현(幽玄)과
난초 괴석 등을 어찌 잘 그렸던지
추사의 수제자 해동의 황대치(黃大痴)[4]

---

[4] 황대치 : 중국 원(元) 나라 화가 황공망(黃公望, 1269~1354). 그는 흔히 대치도인(大痴道人)이란 아호로 불렸다. [편집자]

소리를 들을 만도 당대의 지존이신
헌종을 알현하여 예우를 받을 만도
명문 세도가의 애호를 받을 만도

하지만 소치의 감동적 미점은
시서화 삼절에 있다기보다
비할 바 없이 훌륭한 스승
추사 김정희를 꿈에도 잊지 못해
지극정성 모셨던 일 제자의 스승 사랑
그러기에 스승의 제자 사랑이었던가

절해고도 제주에서의 추사의 귀양살이
스승이 얼마나 적적하겠는가
스승을 위로코자 소치는 세 번이나
목숨을 내걸고 제주행을 감행한다
겨우 거룻배로 무서운 망망대해
그 질풍노도를 어떻게 견뎠을까

팔십오 세에 입적하기까지
소치는 인연 따라 각처를 주유했다
금강산행을 중도에 포기한 것

아마 한동안 한이 되었으리
하나 처음부터 산수의 오묘는
그의 가슴속에 자리 잡고 있었던 것

바야흐로 새록새록 윤나기 시작하는
신록에 둘러싸여 오늘 운림산방은
더없이 아름답다 못물에는 비단잉어
신나게 헤엄치네 비록 산방에
소치는 없지만 그가 그렸던 수묵 빛 모란
활짝 피어 있는 것이 기쁘구나.

장욱진 1

張旭鎭 1917-1990

보라 어쩌면 질그릇과 까치는 둘이 아님을

*

붉은 닭 우니 아이는 둥실 떠서 공중을 날음

*

멍석 펴놓고 앉아 있는 세 사람 상형문자네

*

해와 달 나무 강아지 새 있으니 아이는 만족

*

나목 끝 까치 홍시 같은 겨울 해 쪼으려는 듯

*

계란형 윤곽 가운데 관음입상 마누라 얼굴

*

삐쩍 메마른 봉두난발 장욱진 늙은 아일세

*

외롭지 않네 흰 구름과 새와 개 그를 따르니

*

그림 하나로 끝까지 밀고 나가 난세를 극복함

*

장욱진 보면 마음이 가난해져 행복해진다.

장욱진 2

마음을 비우고 팔다리 펴고 서다 알몸 하나로
*
부엌엔 솥이 방안엔 상 하나와 부자 둘뿐임
*
새들 우짖는 나무 아래 누운 애 눈뜬 채 자다
*
가난 속 풍요 있음을 깨닫게도 그의 그림은
*
새는 북으로 사람들은 남으로 나문 하늘로
*
최고의 집은 원두막과 정자네 햇님도 끄덕
*
산은 좌우에 해와 달 거느리고 집안엔 가족
*
나무엔 까치 땅위엔 호랑이가 상견례하네
*
해 달 젖히고 아이는 나무 위의 집으로 오름
*
그림과 술에 번갈아 죽어라고 몰두한 외길

27 이황
李滉 1501-1570

도산서원(陶山書院)

칠십 평생을 지극 정성 공경으로
일관했던 퇴계 선생. 겨레 만대의
정신적 사표. 학식과 덕행의 온전한 일치.
님의 향훈 그리워서 도산서원 찾아왔다.

님이 몸소 지으시고 거처하시면서
제자들을 가르치신 암서헌(巖栖軒) 마루 위에
앉아 보는 것만으로 나는 더 바랄 게 없었지만
한편 웬일로 허전해지는 마음‥‥

「고인(古人)도 날 못 보고 나도 고인 못 뵈
고인을 못 뵈도 녀던 길 앞에 있네
녀던 길 앞에 있거든 아니 녀고 어쩔꼬」

님으로 하여 참된 인간의 길
이미 이 땅 위에 밝혀진 지 오래건만
왜 우리 후인들은 혼미를 일삼는지.

낙서재(樂書齋) 터에서

28 윤선도
尹善道 1587-1671

병자호란의 국치를 겪고
낙백한 윤고산(尹孤山)이
멀리 탐라로 은둔할 생각 품고
항해하던 중
풍랑을 만나 보길도에 기착한 게
인연의 실마리.
그는 섬에서의 정착을 결심했다.

해발 사백삼십 미터
섬에서 제일 높은 격자봉(格紫峰) 기슭
물 좋고 나무 좋고 바위 좋은 곳,
아늑하기 연꽃 봉오리 속과 같은
명당자리에 낙서재 지었다.
그곳을 부용동(芙蓉洞)이라고 명명했다.

낙서재는 사방으로 퇴를 달아
매우 컸나니,
책이 가득가득 벽면을 메웠다.

거기서 그는 독서하고 사색하고
제자들을 가르쳤다.

다음은 고산의 낙서재우음(樂書齋偶吟).
「眼在靑山耳在琴
눈은 청산에 귀는 거문고 소리에 있으니
世間何事到吾心
세간의 무슨 일이 마음에 내키랴
滿腔浩氣無人識
가슴 가득한 호연지기 알아줄 이 없어
一曲狂歌獨自吟
미친 노래 한 곡조 혼자 부르노라」

그 뒤 그는 낙서재 남쪽에
침실로서 한 칸 집을 짓고
역시 사방으로 퇴를 달았다.
이름하여 무민당(無悶堂).
세상을 등지고 사는 까닭에
번민을 여읜 곳이라는 의미다.
그 옆엔 못을 파고 연꽃을 키웠다.
낙서재와 무민당 사이에는

동서에 따로 한 칸 집을 지었으니,
이상 네 동이 고산 당대의 낙서재 규모.

     *

삼백오십 년 세월이 흐른 지금
낙서재 간 데 없고
남은 건 주춧돌과 흩어진 기와 조각.
집터엔, 남의 손에 넘어간 탓이겠지,
난데없는 무덤이 두 개.

다만 반가운 건
거기서 북쪽 안산 중턱의
동천석실(洞天石室)이 곧장 시야에 들어온다는 것과
낙서재 터 뒤에
소은병(小隱屛) 바위가 건재하다는 것.

원래 소은병은
지금도 그렇지만
그 주위에 장송과 단풍나무 잣나무 등이
빽빽이 들어차서 아늑하기 그지없는
별세계이었던 곳.

한겨울에도 고산이 즐겨

북쪽을 향해 자리 잡고 앉아서는

사색에 잠겼던 곳.

어쩐지 지금도

고산의 체온이 남아있을 것만 같아

나는 한동안 그곳을 못 떠난다.

바위 위에 조용히 앉아도 보고

손으로 여기저기 더듬기도 해 보면서.

동천석실(洞天石室)

간밤의 비로
물속에 잠긴 징검다리 별 수 없다.
무릎까지 바지 걷고
맨발로 조심조심 냇물을 건널밖에.
보길도 제일 절경,
동천석실 초행인데
이 정도의 통과의례 감내해야겠지.

이어서 가파른 녹음의 터널길
모든 것이 촉촉이 젖어 있다.
나무도, 나뭇잎도, 흙도, 풀덤불도,
이끼 낀 돌들도,
간간이 들려오는 휘파람새 소리까지.

터널길 끝나니, 그냥 하늘로
아니 우주로 확 트인 공간일세.
집더미만 한 거암 기암들이
사방에 널려 있다.

석란이 자생하는 암벽 아래로
주룩주룩 떨어지는 석간수 받아
돌연못 있음이여. 돌샘물도 있음이여.
수면엔 수련이 곱게 피어 있고
갖은 수초들이 어우러져 있는 사이
흰 돌거북도 머리 들고 있음이여.
약간의 인공은 눈에도 안 띄게
자연 그대로의 풍정을 살렸구나.
돌문, 돌폭포, 돌연못, 돌샘물,
돌계단, 돌기둥, 돌사다리……
이는 모두 고산의
자연친화적 심미안의 명명(命名).
그는 물론 투철한 도학자였지만
세 번이나 귀양살이 겪어 내고
보길도에 자리 잡은 만년의 그는
백발이 성성한 풍류도인으로
대자연 품에 안주하였다네.

아슬아슬 절벽 위
겨우 한 칸짜리 정자가 동천석실.
문 열고 그 안에 좌정하니

좁기는커녕 넉넉하기 짝이 없다.
심신이 어느덧 쇄락해져서
털구멍마다 하늘 냄새 뿜는구나.

고산은 이곳에서
책을 읽거나 시상에 잠겼으리.
아니면 석실 앞 차바위에 나앉아
차를 즐겼으리.
한눈에 들어오는 부용동 조감하며
우화등선을 실감하였으리.

참으로 이곳은
와 봐야만 비로소 알 수 있는
놀라운 승지일세.
이런 절경 있음을
널리 세상에 알리기 위해
하늘은 고산을 보길도에 보낸 걸까.

아직도 젖어 있는 녹음의 터널길,
이번엔 내리막 귀로에 들어서자
전혀 새로운 사실을 발견한다.

어쩌면 돌들의 젖어있는 빛깔이
비취색인 것이다!
작거나 크거나 모조리 선명한.
벽암이란 말이 없는 건 아니지만
그걸 이곳에서 확인하게 될 줄이야.

세연정(洗然亭)

동천석실이 윤고산의
초절적 소요처였다면
평지의 세연정은
세속적 호사도 아울러 누렸던 곳.

수량 풍부한 골짜기 물에
교묘히 견고한 판석 보를 막아
큰 못물 이룩했네.
(그 판석 보가 건조기엔 돌다리요
우기에는 폭포 됨을 생각해 보시압)
그 큰 못물과
또 하나 인공 연못 사이
방형단(方形壇) 같은 섬(?) 위의 정자가
세연정이라네.
주변 경관이
언제나 물로 씻은 듯 깨끗하고
아름다워 붙인 이름.

소나무 비롯하여 운치 있는

희귀한 나무들이 엄청 많구나야.

군데군데 고운 수초로 덮여 있는

못물 위엔 여기저기

웅크린 바위 일곱.

어떤 것은 거북이요,

어떤 것은 고래등,

어떤 것은 두꺼비,

어떤 것은 영락없이

반쯤 드러난 와룡의 모습이다.

특히 눈길 끄는 것은

모든 바위에 저마다 끼어 있는

독특한 이끼 모양.

마른 이끼, 젖은 이끼, 고청(古靑)빛 이끼,

흰 이끼, 검은 이끼,

연초록 이끼, 진초록 이끼,

이끼 위에 또 이끼····

어느 화가가

이처럼 환상적인 문양을 그려 내랴?

이처럼 유현한 운치를 자아내랴?

물과 어우러진

바위는 살아 숨 쉬는 영물임을

깨닫게 하는구나.

그 유명한 「어부사시사(漁父四時詞)」를

고산은 이곳 세연정에서 썼다.

작은 배를 못물에 띄워

채색 옷 입은 동자로 하여금

느릿느릿 뱃길 따라

어부사시사를 부르게 하였다네.

당상에선 풍악을 잡게 하고

동대와 서대에선

신바람난 사람들

어우러져 춤추도록.

남쪽 산중턱 옥소대(玉簫臺)에서

긴 소매 차림의 기녀가 춤추면

그 너울거리는 유연한 몸놀림을

못 속에 드리워진 그림자를 통해서도

볼 수가 있었다네.

사람이 어찌

자나 깨나 경학 공부에만 골몰하랴.

세연정 주인은
춤과 노래, 음악이 얼마나
인간 성정을 정화하여 주는가를
알고 있었던 것.
자연과 인간을 하나로 꿰뚫는
올바른 기의 흐름
풍류가 막히면
인간의 심신도 막히고 만다는 걸.

찬미할진저, 찬미할진저.
세연정 원림은
그 기발하고 섬세한 면모 보아
자연과 인공의 멋진 조화 보아
고산의 높은 조원 안목 증거하는
당대 최고의 솜씨라 할 만하이
오늘날까지 원형대로 남아 있는.

고산목(孤山木)

주봉인 적대봉(積臺峯) 그윽한 산자락에
홍연 마을이 있다
해가 제일 늦게 뜨고 제일 먼저 지는 곳
거금도 오지 중의 오지 마을임

비가 부슬부슬 내리고 있었지만
나와 안내인 고산목 찾아
무릅쓰고 가는 뜻을
젖은 돌담장의 파릇파릇한 이끼는 아는 모양

만년의 고산은 정히 풍류도인
보길도 근거하여 다도해 일대의
섬들 탐방하다 이곳 들러
심었던 나무가 울울창창한 지금의 고산목

한 줄기는 곧장 하늘로 치솟았고
두 줄기는 길게 옆으로 비꼈는데
아슬아슬 불균형이 균형을 이루었네

고산목이 그대로 그를 기리는 살아있는 시비로세.

다산초당(茶山草堂)

29 정약용
丁若鏞 1762-1836

운치 있는 큰 나무들이 빼곡히 들어찬
다산의 비탈길을 힘들게 올라가니,
짙은 녹음 속에 다산초당 나타난다.
차나무가 많아서 다산인 줄 알았더니.

초당 뒤쪽에는 해묵은 거송이 한 그루 있는데
그 아래 바위에 정다산(丁茶山)이 손수 쓰고
새긴 두 글자 '丁石(정석)'이 눈에 띈다.
귀양살이 십팔 년을 오히려 생산적인

저술 활동으로 승화시킨 대석학
다산의 얼이 그 각자에서 지금도 결곡하게
뿜어져 나오고 있는 듯싶구나.

천일각(天一閣)에 이르니 강진만 구강포의
확 트인 조망이 가슴을 씻어 준다.
다산도 가끔 이곳에 와서 바라보지 않았을까.

다산시(茶山詩) 일수(一首)

「시름에 잠겼다고 술을 마시랴
술을 마셨다고 시를 읊으랴
쓸쓸히 남창 아래
홀로 앉아 꽃 한 가지 보노라」

귀양살이 많이 했던 옛날 대학자
정다산 하면 많이들 알 테지만
이런 시도 썼다는 건 몇 사람이나 알까
다산은 지금 남창 아래 앉아 있네

술은 사람의 마음을 풀어 주되
취흥도 지나치면
흔히 속취로 떨어지기 쉬운 법

쓸쓸함이 고요와 더불어 하나 되니
맑아질 대로 맑아진 우리 다산의 눈엔
꽃 한 가지 피어나서 질 줄 모르누나

30 김병연
金炳淵 1807-1863

김삿갓 무덤

길을 잘못 들어 한 시간쯤 헤맨 끝에
겨우 김삿갓 무덤에 당도하다.
영월 오지인데 이런 곳이 있었던가.
쨍하고 볕드는 산자락 아늑한 곳.

평생을 하루같이 죽장에 삿갓 쓰고
방랑 삼천리를 일삼던 시인의
마지막 안식처로 이곳은 더없는
명당자리임을 한눈에 알겠구나.

세상을 뜨기 전의 김삿갓 유작시는
정말 눈물 없이 읽을 수 없다.
「새도 짐승도 제 집이 있는데
나는 한평생 혼자서 쓸쓸히 슬퍼하였다네」

「기구한 팔자라 천대만 받다 보니
흐르는 세월 속에 흰머리만 늘었구나
돌아가기도 머물기도 어려운 나그네 신세

그냥 몇 날이고 길가에서 떠돌았소」

약관의 그가 쓴 시, 백일장에서 장원급제했지.
천인공노할 역신 김익순(金益淳)을 마음껏 단죄하고
질타하고 매도했던 거기까진 좋았으나,
그 김익순이 다름 아닌 자신의 친조부일 줄이야.

대낮이 삽시간에 암흑으로 바뀌었다.
희망의 상승이 절망의 추락으로.
콧구멍 털구멍이 일시에 막히더니
심신이 그대로 혹독한 무간지옥.

식음을 전폐한 며칠의 오뇌 끝에
그가 결행한 건 무조건 나가는 일.
홀어미도 처자도 헌 신짝처럼 내버려두고
집 밖으로 홀로 뛰쳐나가는 일.

죽장에 삿갓 쓰고 걷고 또 걸었지.
삼천리 방방곡곡 주막에서 주막으로
또는 서당이나 있는 집 행랑방,
또는 절간이나 버려진 헛간으로.

＞

하룻밤 잠자리와 한 끼의 국밥 위해

그는 어김없이 시재를 날리었다.

피눈물 스민 말을 기상천외의

풍자시로 둔갑시켜 야박한 인심과

허위에 찬 세상을 조롱했다.

반어와 해학은 이제 그의 노리개

아니, 슬픈 생활의 수단이 되었거니.

김삿갓에게 시란 무엇인가.

노리개? 생활 수단? 하염없는 신세타령?

그렇기도 할 것이다. 하지만 실은

시 쓰는 일만이 그의 유일한 자유에의 길이었다.

저주받은 비운의 시인에게는.

그는 참으로 많은 시를 썼다.

이제 무덤 속 열반에 들어 있는

시인에게 묻노니

진정 그대의 득의작(得意作)은 무엇인가.

＞

그는 그러나 묵묵부답이다.

짐작컨대 그것은 그의 금강산시(金剛山詩)

무아무위(無我無爲)의 자연 시편 아닐까나.

「松松栢栢岩岩廻 水水山山處處奇」5)

산 넘고 물 건너 무궁무진 이어지던

감삿갓 방랑길이, 시선난고김병연지묘(詩仙蘭皐金炳淵之墓)

여기서 끝나는가. 전에는 이런 비석이 없었는데

근자에 그의 후손이 세웠단다.

어쨌거나 지금 이곳 무덤은 아름답다.

본래 있어 온 건 이런 평화와 안식이 깃든

광명천지뿐, 파란곡절은 없는 것이라고

무덤은 말해 주고 있는 것 같구나.

---

5) 松松栢栢岩岩廻 水水山山處處奇(송송백백암암회 수수산산처처기) : 직역하면 '솔 솔, 잣 잣, 바위 바위를 돌아가니/ 물 물, 산 산, 곳곳이 기묘하구나!'쯤으로서, 겨우 열네 개 문자를 조합해 소나무와 잣나무가 울창하고 무수한 기암괴석에 계곡물과 폭포수가 얽히고설켜 있는 만이천봉 금강산의 점입가경(漸入佳境)을 마치 비디오카메라로 담아내듯 동적으로 표현해 낸 솜씨가 돋보인다. [편집자]

김삿갓을 구원한 것은‥‥

김삿갓을 구원한 것은 나그넷길이었다.
한 발 가면 산이 섰고
두 발 가면 물이 쏼쏼
흐르는 자연, 꽃 피고 새 우는 길.
꿀보다 단 이 땅의 대기였다.
해돋이와 해넘이의 찬란한 눈부심,
그 장엄 속 숨 쉬는 고요였다.
생멸이 자재(自在)로운
하얀 구름에 눈 맞추는 일이었다.
송사리들 헤엄치는
찬 냇물에 발 담그는 일이었다.
보이지 않게 공중을 떠 흐르는
매향의 강물 소리를 듣고
다시 발길을 재촉하는 일이었다.
닳고 닳아 수없이 버려진
짚신들은 알지 몰라
그가 얼마나 홀로 걷는 길,
나그넷길을 사랑했는가를.

>

김삿갓을 구원한 것은 한 잔의 술이었다.
    피로와 울적을 일시에
    가시게 하는 막걸리 맛이었다.
    친절한 주모의 따듯한 눈짓.
    솔솔 불어오는 일모의 바람.
    찌든 오장은 생기를 되찾고
    얼굴의 주름살들 어느덧 지워지는
    막걸리 두 사발엔
    시흥이 일곤 했다.

김삿갓을 구원한 것은 시 쓰는 일이었다.
    도사가 귀신들을 마음껏 부리듯
    또는 장군이 졸들을 길들이듯
    그는 말들을 철저히 조련했다.
    하여 시를 통해 자유를 누렸다.
    희대의 재능과 문장을 지녔지만
    신분 상승의 기회를 박탈당한,
    오직 숨어서 평생을 살아야 할
    운명의 기구함이 시로 승화했다.
    해학과 풍자가 일세를 풍미했다.

하지만 때로는 어쩔 수 없이

가슴 짓누르는 무거운 비애,

숙명의 그림자,

아무리 팔도강산을 누빈대도

빠져나갈 길이 없는 지평선처럼

가슴 조여 오는 한에 사무쳐서

신세타령에 빠지기도 하였거니.

김삿갓을 구원한 것은 자연과의 친화였다.

오직 자연만이

무차별 무분별의 절대평등으로

뭇 인간들을 대해 주는 것이었다.

아니 인간들이

얼마만큼 아집과 탐욕을 버리느냐

얼마만큼 애증의 굴레를 벗어나서

맑은 거울처럼 마음을 비우느냐

거기에 따라서

자연은 시시각각 경이로 다가왔다.

기적이 아닌 현상이 없었다.

자연의 품속에서 그는 어쩌면

자신도 모르게 투명해지고 있는 것이었다.

나무를 보면 나무가 되고
바위를 보면 바위가 되었다.
방랑중인 그를 용케 찾아내어
귀가를 간청하는 아들의 눈에조차
그가 다음 순간 안 보이는 것이었다.
청천백일 하에 보이는 것이라곤
나무와 바위와 흐르는 물과
무성한 풀의 적막뿐이었다.

31 이갑룡
李甲龍1860-1957

마이산(馬耳山) 탑사(塔寺)와 이갑룡

1

그대 단순히 바람을 쏘이려고,
또는 호기심으로 마이산 탑사를 찾지 말라.
이 나라의 유서 깊은 명산이 그러하듯
그곳 또한 신성한 지역인 까닭.

몸 씻고 마음 닦고,
하여 그대 육안에서 비늘이 떨어져야,
하여 그대 마음이 갓난아기처럼 무구해져야
그곳에 다녀올 자격이 있나니.

왜 마이산 탑사에 가는가?
바로 눈앞에 기적을 보기 위해,
대소 팔십여 기 돌탑을 확인하고,
신생의 감동과 축복을 받기 위해.

2

산악의 나라, 한국의 무수한 산악 중에서도

이곳 마이산은 너무도 특이하듯,
석탑의 나라 한국의 무수한 석탑 중에서도
이곳 돌탑들은 너무도 독특하다.

도대체 이것이 누구의 솜씨일까?
설사 귀신들이 쌓았다 해도 믿기지 않으련만,
오직 이갑룡 한 분의 원력으로
필생의 정진으로 성취된 일이라니!

층층으로 되어 있는 마이산 탑사,
그중 높은 곳엔 우람한 탑이 둘,
음양을 상징하는 천지탑(天地塔)이 솟아 있다.
천만으로 헤아려도 모자랄 법한

돌로 원추형 기단을 쌓은 위에
외돌을 외줄로 쌓아올린 형태도 특이하려니와
그 십오 미터 높이에 어떻게 돌을 얹었을까?
단신 맨손으로 어떻게 쌓았을까?

천지탑 둘레엔 신장탑(神將塔)들이
옹위하고 있고, 그 옆엔 오방탑(五方塔),

오행을 상징하는 다섯 개의 돌탑이 있네.
음양 이치와 팔진도법에 따라 축성이 된 것.

아래쪽 평지엔 세월을 나타내는
월광탑(月光塔) 일광탑(日光塔)이, 중앙단엔 흔들탑들,
거센 바람이 휘몰아칠 땐
흔들흔들하다가도 제자리에 멎곤 하는

신비의 외줄탑들, 그것은 인간의
취약성과 강인성을 더불어 말함일까.
약사탑, 미륵탑…… 이렇듯 놀라운
만불탑군(萬佛塔群) 조성한 이갑룡이 누구인가.

3
천팔백육십년 음력 삼월 이십오일
임실군 둔덕리에서 갑룡은 태어났다.
준수한 용모에 방정한 지기(志氣),
게다가 지극한 효성의 소유자.

그는 떡잎부터 완연히 달랐으니,
5세에 이미 밥그릇 앞에 놓고

스스로 천지신명께 빌었다.
어찌 희한한 일이 아니랴.

조실부모하매 3년 시묘 살이.
그때 터득한 게 생식법이었다.
생식은 심신을 정화하거니와
신명을 자기 안에 샘솟게 하는 길.

그는 유달리 산을 좋아했다.
산은 거기에 언제나 눈앞에 있기에
비록 오라 가라 말은 안 하지만
멀리, 가까이, 도처에 있기에

높은 산에 올라가면, 절로 솟구치는
호연지기로 노래를 불렀다.
대자연의 경이와 신비 앞에
절로 고개 숙여 기도도 드렸고.

약관의 나이에 남의 집 머슴살이.
저녁이면 동서남북 사방에 정화수를
떠 놓곤 빌었다. 애써 농사지은

햅쌀로는 제일 먼저 산신제를 올렸고.

밤이면 짚신 삼아 장에 내다 팔았지만,
가난한 사람에겐 그냥 주기도.
그 주인집을 떠날 때의 일이었다.
큰 망태기 두 개를 짜 주면서

언제고 기필 찾으러 올 테니
잘 보관해 달라고 부탁했다.
그 뒤 72세에야 그 집을 찾았건만,
선뜻 뒤주에서 꺼내어 주더란다.

그런 저런 인연으로 그 집의 손녀를
그는 며느리로 삼게 되었던 것.
그 며느리는 지금도 살아 있다.
시아버님 기운을 제일 많이 이어받고.

다시 이갑룡의 약년기로 돌아가자.
밖으로는 열강의 각축으로 말미암아,
안으로는 국정이 날로 기울어서,
그는 한때 자원하며 군졸이 되었다.

>

하지만 이내 그것이 아니라는 생각이 들어
군직을 벗어나자 임오군란 일었으니,
그는 더욱 내면에의 길을 걷게 된다.
번민과 우울의 나날을 되씹으며.

25세 때 꿈속에서였다. 산신이 나타나
'마이산으로 가라. 마이산으로 가라.
그곳이 그대가 안심입명할 곳,
가서 우선 그대는 자신을 정화하라.'

한 번 본 사람은 평생 도무지
잊을 수 없는 산, 신비의 마력
무서운 자력을 지니고 있는 산
마이산은 삶의 근원을 암시한다.

그 마이산 절벽 아래 단좌한 채
기구와 묵상의 나날을 이어갔다.
하루 한 끼 생식으로 목숨을 이으며,
신은 나막신에, 옷은 흰 무명옷.

>

그 무명옷 단벌로 그는 삼동을 감내했다.
몸은 학처럼 야위었지만 마음은 명경지수,
천지인일기(天地人一氣)의 이치를 깨달았다.
그것이 풍류도의 진수라는 것을.

단군성조 이래 면면히 이어 온 현묘한 도,
천지의 기운과 진인의 기운은 둘이 아니매,
천지인삼재의 균형과 조화, 그것을 찬미하고
그것을 증거할 방도는 무엇일까?

그때 탑의 조성이라는 영감이 떠올랐다.
그렇다 탑을, 그것도 이왕이면
만불탑을 세워 보자. 억조창생 구원과
만국평화 기원하여.

인간은 누구나 진인 될 수 있건마는
그 숙업의 우치와 탐욕으로
나와 남을 더불어 해치는 미친 짓,
마군의 꼭두각시 노릇이나 일삼는다.

그 캄캄 수렁의 악몽에서 깨어나자.

그러자면 각자가 죄업의 사슬 끊고
새롭게 태어나야, 자기 극복과 정화의 길로
용맹정진해야 마침내 진인 되리.

진인이라야 천지와 맞먹나니.
천지와 하나인 진인 된다는 건
내가 곧 하나의 탑이 된다는 것.
천지인일기의 증거가 된다는 것.

그리하여 갑룡은 탑 세우길 서원했다.
마이산 주변의 자연석을 하나하나
모으기 시작했다. 큰 돌과 작은 돌이
서로 맞물리어 차곡차곡 쌓이었다.

하지만 거의 되어 간다 싶으면
영락없이 무너졌다. 무너지고 무너졌다.
허구한 날 솔잎 따위 생식으로 견디건만,
서두르지도 않고 정성을 다하건만.

이게 무슨 변괴런고?
어느 날 갑룡은 마이산에 기도했다.

비몽사몽간에 소리가 들리기를,
'마이산은 본래 의좋은 부부산,

그런데, 전설이 말해주듯, 부부 금실이
금갔기 때문일세. 깨졌기 때문일세.'
부부가 따로따로 음양이 따로따로
놀아선 큰일이지, 큰일이고말고.

갑룡은 근본적인 재검토에 들어갔다.
암마이봉, 수마이봉, 두 봉우리의
금실 회복 위해 우선 지세부터
면밀히 연구했다. 마음 비우고.

수마이봉 양기과 암마이봉 음기가
하나로 만나서 오행이 제대로 돌아갈 만한
자리가 어디일까. 바로 그 자리가
천지탑을 비롯한 지금의 만불탑 터.

그 뒤로 쌓은 돌은 무너지니 않았거니.
다만 한없는 심사숙고와 기도가 필요했다.
이모저모 사방팔방으로 돌아가며

오랜 관찰 끝에 균형을 잡아 갔다.

하나의 돌 위에 하나의 돌을 올려놓는 데도
여러 날이 걸리기도. 돌은 크건 작건
꼭 놓여야 할 자리에 놓여야,
더는 보탤 것도 뺄 것도 없어야

하나의 기로 꿰뚫리어 치솟는다. 확고해진다.
돌탑의 조성엔 햇빛보다도 달빛이 유리했다.
양기 일변도의 가혹한 대낮보다
달밤엔 음양이 서로 한없이 가까워지기 때문.

하여 대낮엔 여기저기 이 나라 명산을 찾아
그곳의 돌을 바랑에 담아 왔다.
아침에 떠나면 저녁엔 돌아왔다.
금강산이건, 지리산이건, 묘향산이건 간에.

필시 그는 축지법을 쓸 게라는 소문이었다.
어떤 이는 말하기를 그가 백호 등허리에
업힌 것을 보았다고, 또 어떤 이는
축지법 비결이 곧 그의 나막신에 있다 했다.

〉

어쨌거나 이갑룡이 차츰 풍류도인
되어 간 건 사실이다. 달빛이 치일칠
천지간을 끈끈한 은빛 일색으로 칠해 논 밤,
그 달빛의 친화력 앞에서는

어떠한 모순도 갈등도 이내 용해될밖에 없다.
바로 그런 달밤을 택해, 그는 가장 어려운
작업을 성취했다. 외돌 위에 외돌을 올려놓는 일,
그것도 십오 미터 높이에 말이다.

남의 도움이나 받침대의 힘을 빌려
하는 게 아니다. 분명 이갑룡
그 사람 몸이, 흰 무명옷에 달빛이 스미자,
두둥실 떴다. 가볍게 하늘하늘,

이미 쌓아놓은 원추형 탑돌을
밟는 건지, 뜬 채인지, 어느덧 훌쩍 올라,
단숨에 돌을 얹어 놓곤 내려왔다.
그게 어찌 신선 아닌 사람의 능사이랴.

〉

오랜 생식으로 사실상 그의 몸은
이미 깃털보다 가벼워지고 있었는지도 모른다.
오랜 수련으로 사실상 그의 솜씬
이미 신들의 영역에 속했던 것.

탑마다 꼭대기엔 명산에서 가져온
돌을 얹었다. 더러는 중간에 섞기도 하고.
그러기에 만불탑은 삼천리금수강산
전체의 협력으로 이루어진 대사업.

또한 그러기에 이곳은 바로
우리 배달겨레 전체의 성지요
참회 도량이며 기도처인 것이다.
억조창생과 만국평화 위한.

보라, 이 눈앞의 일대 위관을!
이처럼 지속적인 확실한 기적이
달리 있겠는가? 그 탑군(塔群) 한가운데
앉아 있는 백발의 산신을 보아라.

우리의 풍류도인 이갑룡 옹의 모습,

그는 자신의 영혼의 구조를
백일하에 드러냈네. 만불탑군으로,
신천지 개벽으로, 불멸의 상징으로.

우리는 어떻게 살아야 할 것인가?
탑들은 묵묵히 말해 주고 있다.
당신들도 탑처럼 천지간에 우뚝 서서
균형과 조화를 유지해 갈 일이다.

지기와 천기 받고
늘 자기 극복과 정화에 힘쓸지니,
바야흐로 신천지 개벽에 걸맞게
새 사람 될 일이다.

   4
이제 갑룡 옹 최후에 대해서.
95세 여름에 그는 숨졌다.
하지만 서른네 시간 만에
그는 회생하는 기적을 보였다.

그 뒤 그는 삼 년을 더 사는데,

98세의 입적 이전 일 년간은
아예 단식과 기도로 일관했다.
가끔 생수만 마셨을 따름.

나중엔 배설물도 맑은 물일밖에!
이는 곧 그의 투명에의 의지였다.
이 불투명한 죄 많은 육신을
어찌 그대로 정토에 묻으랴.

그래서 죽기 전에 그는 자신을
아예 투명체로 정화하고 싶었던 것.
최후의 순간까지 그를 지탱했던
물처럼, 공기처럼, 따스한 햇살처럼.

오오 찬미하자 이갑룡 그 이름을.
난세에 태어나서, 구한말 풍운과
암흑의 일제시대 난세를 살다가,
광복은 잠시이고, 다시 난세를,

저 6·25 참변까지 겪었건만
끝내 의연히 무너지지 않았거니,

당신의 탑처럼 무너지지 않았거니,

오오 찬미하자 이갑룡 그 이름을.

32오상순
吳相淳1894-1963

공초(空超)와 구상(具常)

1

공초를 둘러쌌던 사람은 많았건만 그의 진면목을 잘 알고 있는 사람은 뜻밖에 적을는지 모르겠다. 하긴 이미 살아서도 죽은 자와도 같이 생사의 굴레를 여의었던 사람이니 범속의 티끌 눈에 그가 '현대 한국이 낳은 기인이요 대덕이요 동방의 현자'로서 비쳤을 리는 없다.

2

언제가 공초는 그를 따르던 의젓한 후배 시인 구상에게 말하기를 '나는 기독교에 나 스스로 들어갔다가 스스로 나왔고 불교에도 스스로 들어갔다가 거기서도 뛰쳤다'고. 나오고 들어가고 사실은 그런 일이 있었던 건 아니리라. 공초는 시종여일 공초이었을 뿐.

그의 어록에 '나란 것이 있을 때는 자연은 남이요 나란 것이 없을 때는 자연이 나다.'

3

그는 평생 무일푼 무일물이었다. 그의 독신과 출가는 철저해서 열아홉 살의 일본 유학 이래 돌아와서는 조선의 방방곡곡, 멀리 중국 북경에까지 편력하였으나 그 자취를 남기지 아니했다.

어떠한 여인도 그의 초지를 꺾지는 못했으니 한때 공초가 대구에 기류해서 어떤 퇴기와 동서했을 때도 공초는 그녀를 '우리 제자'라 또는 '보살'이라 칭했다 하며 그녀도 공초를 '우리 선생님'이라 불렀다 한다.

세간에선 영어 선생, 시를 쓰는 멋쟁이가 절간에선 투철한 수도승 못지않게 정진을 거듭했다. 그리하여 누구나 들떴던 시절, 저 8·15 해방 이후에도 그는 여전히 무일푼 무일물로 일체에 초연했다. 나중엔 그날 하루의 숙식마저 염두에 안 둘 만큼.

4

만년의 공초 - 그는 이미 신화 속의 인물이 돼 있었다. 뭇 사람 속에 더불어 살면서도 범속의 티끌 눈엔 보이지 않는 사람이 된 것이다.

그가 대중 앞에서 나타나는 경우라곤 오직 인간의 경조사를 당하여서 축복과 위안을 주는 때였다. 그런 때 공초에겐 마치 사제나 고승의 그것 같은 위엄이 엿보였다.

집 없는 몸엔 절이라도 있어야 산다던가. 선학원이나 조계사 숙직 방에 그가 찾아들면 중들은 군말 없이 자리를 내주었다. 좁으면 좁은 대로 중들 틈에 끼어 누우면 잠들었다. 베개나 이불이 없으면 없는 대로. 언젠가는 베개가 없는데도 마치 베개 베고 자는 것처럼 태연히 고개가 들려져 있더란다.

그에겐 자기만의 시간이 없어졌다. 바로 그 자기란 게 없어진 까닭이다. 그래서 그는 늘 베푸는 사람, 더불어 있는 사람이 되었지만 그를 둘러싼 대부분의 사람들은 역시 그처럼 무구할밖엔 없는 청춘남녀였다.

이 소음과 광란의 시대, 도시의 도인답게 공초의 전도는 주로 다방이 교장이 되었다. 6·25 전에는 '푸라워' '혜성'에서, 동란 때엔 대구의 '아리스'와 '향수'를 거쳐 부산에선 '금강'이, 수복 후는 명동의 '청동' 다방, 이렇게 전전하며 그는 무언의 설법을 이어 갔다. 그를 둘러쌌던 청춘남녀, 그들에게 공초는 어떻게 비쳤을까. 그가 가리키는 명월은 못 보고 공초의 손가락만 보았을지도 몰라. 혹은 이것이 공초다 하고 잡아 보니 재떨이의 담배꽁초였던 경우도 있었겠지.

어쨌든 그것은 정히 하나의 축제였다. 비 오나 눈이 오나 그가 있는 곳 다방의 한 구석은 늘 화창한 꽃동산이었으니. 더러 오고 가는 이야기에 신이 날 때, 문득 공감의 번개가 스칠 때엔 공초는 몇 번이고 악수를 청하면서 '반갑고 기쁘고 고맙다' 말하였다. 그 구수하고 어린애 같으면서 정중하고 온화한 음성이나 몸가짐에서 사람들은 불현 듯 오래 잊었던 자부(慈父)의 사랑을 깨닫지는 않았을까. 혹 그것을 위선이라, 심지어 최면술이라고까지 비웃는 사람도 없지는 않았지만. 개 눈에는 똥밖에 안 뵌다고 옹졸하고 치사한 사람에겐 모든 인(人)·사(事)·물(物)이 그렇게 비칠밖에.

늙지 않은 공초,
늙을 수 없는 공초,
늙어서는 아니 될 공초,
공초여! 시간과 공간을 뛰넘어
유유(悠悠)히 사시라.
여기 아름다운 덕,
훈향이 넘쳐흐른다.
여기 조찰한 품향(品香)이

울연히 비친다.

아아! 좋아라. 시인 공초여!

이것은 천구백오십팔년 유월 칠일에 월탄(月灘) 박종화(朴鐘和)가 적었던 공초찬(空超讚). 그러나 오 년 뒤엔 그 공초도 이승을 하직했다.

5

융숭하고 아름다웠던 공초의 장례를 가톨릭 시인이자 공초의 문제인 구상은 평하기를 '상주 없는 상렬(喪列)'이라 하였으나 실은 그 상주이자 호상을 겸한 이가 구상인 셈이었다.

구상은 평소 공초에 심복해서 그를 외경하는 정성이 두터웠다. 그래서 함부로 마음에 있는 말을 다 털어 놓기도 어려운 처지였다. 아니 어쩌면 공산명월같이 훤칠한 그의 선풍도골 앞에선 절로 할 말도 가셔지곤 했으리라.

그러나 심중의 못하였던 한마디를 구상은 꿈속에서 하게 되었다.

공초가 알몸으로 봇물 속에서 허우적거리고

있었다. 구상이 다가가니 반색을 하다가 실족하여 깊은 데 빠졌다. 허우적거리는 공초를 향하여서 구상은 손 내밀며 이렇게 말하였다. '선생님 그렇게 허무의 심저에서 허우적거리고만 계시지 마시고 이젠 좀 유(有)에 기대시면 어떨까요?'

공초는 무사히 물 밖에 나오면서 이렇게 답하였다. '……나는 도대체 그러한 분별조차 하기가 싫네 그려.'

그것이 꿈일 줄야. 그 뒤 삼사 일이 지나서였다 한다. 공초가 입적한 건.

6

구상이 추도문을 초하게 되었다. 만감이 가슴을 울리는 중에서도 문득 떠오르는 한 생각이 있었으니, 언제가 그가 일본 어느 신문에서 보았던 기사 - 작가 까뮈의 죽음을 당하여서 같은 불란서의 저명한 철학자인 마르셀이 쓴 글 속에 대충 이러한 대목이 있었다. - '그는 신의 섭리와 성총을 인간의 겸허로써 조화하지 못한 유감은 있다. …… 그러나 저렇듯 인간으로 더할 바 없는 진실이 사후에 영관(榮冠)을 가져

오리라고 가톨릭인 내가 왜 믿지를 않겠느냐, 운운.'

구상은 이렇게 술술 적어 갔다. '공초 선생의 경지를 함부로 살필 수는 없으나, 기독교를 거쳐 불교에 입문하셨고 또 거기서도 당신은 뛰쳤다 하시나 대체로 나는 불도적인 세계로서 그의 사상과 생의 완성을 기하신 것으로 안다. 이런 면에서 가톨릭교도인 나는 대척적인 신공 속에 있으나, 가브리엘 마르셀이 금세기의 총준이던 알베르 까뮈를 위한 추도문에서 그의 사후의 영관을 믿었듯이 나야말로 공초 선생의 저 비할 바 없는 생의 완수가 내세에 신의 영광 속에 깃들 것을 믿어 의심치 않는다.'

공초를 기리는 노래

아시아의 마지막 밤에 태어나서
여명에 이르는 동안을 영원처럼 사신 당신.

평생 무일푼의 적빈 도인으로
몸에 지닌 것이라곤 물부리 하나.

조계사 숙직실 중들 틈에 끼어
베개도 없이 단잠에 들곤 했지.

고개를 든 채 자는 잠도 선(禪)인 줄을
그 누가 알았으랴.

낮에 다방에서 뭇 제자들, 청춘남녀들에
싸여서 지냈건만

마치 당신은 공산명월인 양
누구에게도 얽매이지 않았었지.

그저 반갑고 기쁘고 고맙다며
회심의 순간엔 악수를 청했었지.

대하장강의 시상도 아낌없이
그 푸른 담배 연기 속에

반만 년 역사도 겨레의 비극도
그 흰 담배 연기 속에

풀려서, 녹아, 사라져 버리도록
당신은 종일 줄담배를 태웠었지.

새로운 천지개벽을 위해
혼돈 그 속에서 창조의 새싹이 움트도록.

당신은 그렇게 향연(香煙) 삼매 속에
선풍도골로 유연히 계셨건만.

흐름 위에 보금자리 쳤던 당신의 혼이
보금자리 여읜 지도 이십 년의 세월이 흘렀다.
>

그러나 아직도 이 땅의 혼미 속에
가려져 있는 당신.

우리 모두 혼의 손뼉을 칠까나.
공초여, 대덕이여, 뛰쳐나오라고.

먹구름 걷히면 보름달 드러나듯
이제 서서히 공초는 드러나리.

만년의 공초는……

만년의 공초는 가끔 소리 없이 공중에 떴다.
꽃다운 청춘남녀에 싸인 채 향연 삼매에
든 줄 알았는데, 홀연히 안 보였다.
재떨이에 담배꽁초만 수북했다.

만년의 공초는 가끔 자다가도 공중에 떴다.
베개도 없이 고개를 든 채, 누운 모습 그대로.
곁의 중들은 그러한 공초를 아무도 몰랐다.
법당의 부처님만 아시는 듯 미소를 흘리셨다.

만년의 공초는 걸림이 없는 도인이 된 것이다.
심신이 탈락할 땐 속인들 눈에
그 모습이 보이지 않게 되고,

모습이 보일 때는 그 얼굴만 뵙고 있어도
어느덧 티끌의 마음이 정화되어
눈물이 날 만큼 흐뭇해지곤 했다.

공초의 무덤에서

살아서 이미 저 도도한 무아의 흐름과
하나 되어 버렸기에, 휘영청 달처럼
독신으로 일관했던 무소유 도인에게
무덤이라니?! 그 순수한 아이러니가 좋아

불쑥 오늘 이곳에 왔다. 하늘은 흐리고
묘역엔 온통 낙엽이 수북하게 깔려 있었다.
「흐름 위에 보금자리 친
오 흐름 위에 보금자리 친 나의 혼……」

그 묘비명을 되새기면서 점두하는데
어디서인가 공초 선생의 목소리가 들려왔다.
'나는 무덤 속에 있는 것이 아니외다.'

그렇다. 무덤은 문도들의 추모의 정표일 뿐.
그러자 이번엔 산천초목들이 일제히 소리 냈다.
'공초는 무덤 속에 없는 것도 아니외다.'

33 김익진
金益鎭 1906-1970

어떤 인상(印象)

어느 날

김규영(金奎榮) 선생님과 성찬경(成贊慶) 사형

그리고 내가 삼선교(三仙橋)를 지나다가

우연히 김익진 옹을 만나 뵘.

옹은 만면에 웃음을 띠면서

삼선교상봉삼선(三仙橋上逢三仙)6)이라고 말했음.

어린애처럼 티 없이 기뻐했음.

그 뒤에 많은 세월이 흘렀음.

옹이 이승을 하직한 지도 이미 오래임.

그런데 오늘

나로선 처음이자 마지막 대면이던

그 광경이 선명히 떠오름.

『동서(東西)의 피안』이란 명저의 명역자

옹은 독실한 가톨릭이었건만

그때 내가 받은 인상은 말하자면

『삼국유사(三國遺事)』 속에 은신해 있던

신라의 대덕 대안(大安) 스님이

---

6) 삼선교상봉삼선(三仙橋上逢三仙) : '삼선교 위에서 삼선(세 신선)을 만나다'라는 뜻으로 칠언시 한 구를 연상케 한다. [편집자]

홀연 그곳으로 비래(飛來)한 것 같았음.

향은(香隱) 선생님

34민동선
閔東宣 20세기

구십이 세에 세상을 하직하신 향은 선생님,
아파트 거실에서 잠들 듯 조용히 입적하셨는데,
이미 장례도 치른 뒤라는 아드님 전화,
곧 미국으로 돌아갈 거라는 아드님 전화.

이 세상 어딘가에 숨어 있는 향기라,
향은이라는 호를 가지셨던 민동선 선생님.
그런 향기야 멸할 수 없겠지요,
그것은 정련된 당신의 혼의 진수이겠기에.

그 향기가 지금은 저의 궤두(机頭)에 흘러와서
선생님 인품을 생각게 합니다. 착하고,
바르고, 곱게만 사시었던 당신의 생애.

남이야 알든 말든, 스스로 등불 되어
산다는 게 무엇인가? 장수란 게 무엇인가?
그걸 선생님은 한 가닥 향기로 응답하시네요.

편지
-부처님 오신 날에

향은 선생님
오래 뵙지 못했습니다.

미국에 이민 간
자녀한테서는 소식이 옵니까.
손자들 재롱떨던
모습이 떠오르면 서운하시겠습니다.

하지만 저는
선생님께서 과히 적적하시리라고는
여겨지지 않습니다.

구순을 바라보는 선생님 내외분
말고는 아무도 없는 거기,
아파트 공간으로, 창문을 통해,
학이라도 날아드는 것 아닌지요.
필시 학의 눈엔
선생님 내외분이 두 그루 희한한

노송으로 비칠 테니 말입니다.

향은 선생님
말씀해 주세요.
탐·진·치 삼독
여의기가 참으로 절망적이라고,
그중에서도
갈애의 탐욕을 여의기가 가장 어렵다고
(그때 이미 선생님은
탈색하실 대로 하셨으면서도)
곧잘 그렇게 말씀하시더니,
지금 심정은 어떠신지요.

'마누라가 늙어서
저 모양이니‥‥'
하고 선생님은
미소를 지으실지 모르겠습니다.

이젠 심신이 더불어 탈락하여
종일 아무 말도 안 하실 적이
많으신 게 아닐지요.

어쩌면 두 분이 홀연 안 보이게
되시는 적도 있으신 게 아닐지요.
그런 땐 두 분이
두 마리 학이 되어
저 니르바나의 청자색 하늘에서
구름과 더불어 훨훨 무애춤을
추시는 게 아닐지요.

선생님 오늘은
부처님 오신 날,
삼라만상이 무량광명을 뿜는 날입니다.

하여 저의 닫혀만 있던
가슴도 활짝 열려서인지
오래간만에 선생님 향기, 선생님 빛이
지금 저의 가슴에 와서 닿았습니다.

선생님
수일 내로 찾아가 뵙겠어요.

35 윤경렬
尹京烈 1916-1999

윤경렬 선생 찬
－고청정사(古靑精舍) 재방문기

경주 박물관 뒤
남산 기슭에 있는 선생 댁
고청정사는
이제 이름 그대로
고청빛에 싸였는데,
올해 팔십일 세의 윤경렬 선생은
십년 전 모습과 다름이 없네.
흰 무명 저고리에 흰 조끼 입으시고
흰 무명 바지에 흰 다님 매시고
허리 꼿꼿이 단좌하신 모습,
그 숱 많은 학발도 여전하고
그 준수한 용모도 여전하다.
그 낭창낭창 말씀을 이으실 때
연방 흘리시는 미소도 여전하다.
'신라가 당과 연합하여
백제를 멸망시켰다구요?
경주에 와서
신라 문화란 걸 살펴보십시오.

그 속엔 백제도 고구려도 살아서

숨 쉬고 있는 것을.

삼국(三國)이 제각기 나라의 보전과 확장이란

생각만 있었지,

당시엔 오늘날의 동족이란

개념은 없었어요.'

하시며 그분은 술잔을 권한다.

'경주(慶州)의 주자(州字)가

밤이면 주자(酒字)로 바뀌는 걸 아시죠?'

그분의 익살과 술 실력도 여전하다.

남산의 무수한 골짜기마다

잘생긴 바위마다

새겨져 있는 온갖 불보살을

제대로 보고 이해하기 위해서는

많은 공부가 따라야 함을

그분은 은연중 피력하시누나.

그 보배로운 그분의 말씀을

나는 쉴 새 없이 귀로 먹느라고

여념이 없다.

이윽고 술이 거나해지자

그분은 피리를 한 곡조 뽑는다.

그분은 남산을 답사할 적마다

호젓한 계곡에서

술 한 잔 하시고는 피리를 부신단다.

그 구슬프고도 청아한 가락,

천년의 대바람 솔바람 소리랄까.

하늘·땅·사람이

고금이 하나 꿰뚫리는 소리로다.

옳지, 만파식적의 소리로다.

하자 피리 부는 그분의 모습은

다름 아닌 월명사의 모습이기도 하고,

절세의 신라 미인 수로부인에게

벼랑의 철쭉꽃을 꺾어다 바친

그 이름 모를 노인이기도 하고,

백결 선생이기도 하구나야.

팔십일 세 노옹이

어떻게 저렇듯 유연할 수 있을까.

남산의 정기를 한 몸에 모은 분

윤경렬 선생은

정히 오늘 살아있는 신라인,

늙어도 늙지 않는

구원의 풍류도인임에 틀림없다.

36 김규영
金奎榮 1919-2016

태암(苔巖) 김규영 선생 송(頌)

여기 분단된 나라, 한국 땅에
한 순수 철인이 있습니다.
해방 삼십사 년, 줄곧 어지럽고 어지러운 소용돌이,
그 속에서도 하나의 핵처럼
항심을 지녀 온 김규영 선생.

이제 당신의 얼굴에는
화락이 넘칩니다,
한때의 금빛 우수는 사라지고.
이순의 나이도 실은 물거품처럼
사라지고 없습니다.

시간 속에 태어나서
무시간(無時間) 속에 열매를 맺는
창조의 씨앗이 지니는 업을
당신은 훌륭히 실현해 가졌기에
당신의 삶은 곧 하나의 완벽한 전범.
>

하긴 처음부터

당신은 무사(無私)에서 출발했습니다.

사물의 한없는 수용을 위해,

한 알 모래 속에 우주의 무게를

감득하기 위해.

진달래 한 송이,

풀잎에 맺힌 이슬 한 방울의 순수를 위해

당신이 얼마나 비워야 했던가를

우리는 압니다.

그 지극한 당신의 겸허, 생(生)에의 외경을.

안 보이는 하늘의 별들마저

바르르 떨 만한 당신의 지성을

포근히 감싸는 건 당신의 덕입니다.

이렇듯 지덕(知德)이 갖추어지면

저절로 수화(壽和)를 누리게 마련.

이제 우리 앞에

당신은 아름답고 빛날 뿐입니다.

여전히, 여전히

그 한결같음, 고요와 부드러움,

변한 것이라곤 아무것도 없구먼요.

그것은 당신이 그 하루하루를 온전히 살아,

늘 새롭게 전신(轉身)을 거듭하여

추호도 찌꺼기를 안 남겼기 때문.

오오 스승이여, 삶의 보람이여,

무상(無常)의 초극자여, 당신을 우리는 찬미하나이다.

선생님의 사진을 보면서

가지와 푸른 잎이 산처럼 울창한
느티나무 고목 아래
태암 선생님이 앉아 계시네요.
만면에 웃음을 머금으신 채.

올해 선생님은 칠십사 세신데
칠십사 세에 작고한 공자보다 훨씬 젊으시네.
늙어도 늙지 않는, 처음의 젊음을
여전히 지니셨네.

두발은 많이 빠졌어도
흰 터럭은 한 올도 보이지 않음이여.
높고 넓은 이마엔 예지가

히말라야의 백설처럼 빛남이여.
오오 선생님, 부디 이 땅에서 장수를 누리소서.
느티나무 고목이 해마다 신록을 과시하듯.

어느 날

어느 날 태암 선생 한 잔 약주에 도연해지시더니
'나는 시로 태어나서 철학을 살다가 종교로 간다'고.
순간 깨닫겠다 그분의 일관된 생애의 아름다움,
이제 그 지성(至誠)은 거룩한 하늘에 닿게 될 것임을.

제2부 풍류도란 무엇인가

풍류도(風流道)란 무엇인가

한국인의 정체성은 무엇일까? 한국인의 사유 방법, 그런 것이 있다면 그 근간을 이루고 있는 원형은 무엇일까? 다시 말해서 한국 사상사의 기조는 무엇일까? 한국의 문학, 예술, 종교, 학문 등 문화 전반의 근본에서 어떤 일관된 특색은 없는 걸까? 나는 오랜 모색 끝에 풍류도라는 말을 발견하고 쾌재를 불렀다. 아울러 백두산 천지 체험과 단군신화 연구, 화랑도 연구, 마이산 답사 등은 나의 이런 생각을 확고히 해 주었다. 그렇다면 도대체 풍류도란 무엇인가? 나는 역시 시인인 만큼 그걸 우선 시에다 담고 싶었다. 그것도 아주 단도직입적인 잠언풍 시 형식에. 그래서 다음과 같은 일종 풍류도 선언을 쓰게 된 것이다.

풍류도

1
천·지·인 삼재의 균형과 조화, 그것이 풍류도다.

2
풍류도의 근원은 단군성조이고 극치는 화랑도.

3
풍류도를 달리 말하자면 대자연교라 할 수 있으리.

4

　풍류도가 낳은 가장 위대한 학자 시인이자 도인이 최치원.

　　　5

　유·불·선 삼교도 대자연 품속에선 풍류 하나로 녹아들밖에.

　　　6

　왜 이 강산은 도인의 나라인가? 풍류도가 있기 때문.

　　　7

　왜 이 나라에 풍류도가 생겼는가? 강산이 더없이 오묘한 때문.

　　　8

　이 땅에 태어나서 풍류도 모른다면 무슨 보람 있으리오?

　　　9

　풍류도야말로 공해로 죽어가는 지구촌 살리는 길.

　　　10

　풍류도가 행해져야 음양오행이 제대로 돌아간다.

이상의 10행을 각 행별로 좀 더 알기 쉽게 간략하게나마 부연해 보려 한다.

1. 천·지·인 삼재의 균형과 조화, 그것이 풍류도다.

　하늘[天]과 땅[地]은 곧 자연을 뜻한다. 그 자연에서 사람이 나왔기에 하늘·땅·사람은 하나의 기로 꿰뚫려 있다. 삼재는 서로 밀접 불가분의 영향을 주고받는 관계인 것이다. 때문에 인간은 자연과의 균형과 조화를 깨지 않는 한도 내에서 지속적 발전을 도모해야 할 것이다. 그 성패는 전적으로 인간에게 달려 있다. 인간이 인간답지 못하게 되면, 인간 자신만 타락할 뿐 아니라 자연의 질서도 깨지게 마련이다. 인성과 자연이 아울러 황폐한데, 어디서 풍류를 구가할 수 있으리오. 사람이 정말 하늘·땅과 맞먹는 위상을 견지하며, 삼재의 균형과 조화를 이루려면 진인이 돼야 한다. 그리하여 하늘·땅과 호흡을 같이하며 우주의 리듬을 자기의 생체 리듬으로 감득할 때, 그는 어느덧 대풍류인(大風流人)이 돼 있는 자신을 깨닫게 될 것이다.

2. 풍류도의 근원은 단군성조이고 극치는 화랑도.

얼핏 생각할 때 풍류도는 도덕과 무관할 것 같지만, 그렇지 않다. 단군의 홍익인간 이념이나 화랑 5계에 비추어 보더라도 알 수 있듯 풍류도의 근간에는 사랑과 도의심이 늘 부단히 샘솟고 있다. 또한 화랑정신의 지향을 보면 진(眞)·선(善)·미(美) 추구에 그치지 않고, 그 셋을 포함하고 있는 선(仙)의 경지를 동경하고 있다. 화랑 중의 화랑으로 추앙을 받았던 영랑, 술랑, 남랑, 안상을 왜 따로 특별히 사선(四仙)이라 일컫고 있는가? 왜 화랑을 국선(國仙), 또는 선랑(仙郎)이라 하는지를 알 만하지 않은가? 화랑도, 신선도(神仙道), 국선도(國仙道), 풍월도(風月道) 등은 모두 풍류도의 별칭인 셈이다.

3. 풍류도를 달리 말하자면 대자연교(大自然敎)라 할 수 있으리.

하늘에서 땅이 나왔고 땅에서 만물이 나왔다. 사람은 그 만물 중의 영장이다. 때문에 사람은 자신의 근원인 하늘과 땅, 즉 자연을 존중해야 하며, 사랑해야 마땅하다. 안 그러면 당연히 죽을 수밖에 없다. 생각해 보라. 맑은 물 없이, 깨끗한 공기 없이 사람이 잠시나마 살 수 있겠는가. 자연 오염은 인간 오염이고, 자연 파괴는 인간 파괴임을 통절히 인식해서 환경 보전에 힘써야 한다. 겸허한 마음으로 대자연의 가르침에 귀를 기울여야 할 것이다.

4. 풍류도가 낳은 가장 위대한 학자 시인이자 도인이 최치원.

최치원은 그의 유명한 난랑비서(鸞郞碑序)에서 이렇게 말하였다.

'나라에 현묘한 도가 있으니 풍류라 한다. 그 교를 창설한 내력은 선사(仙史)에 자세히 실려 있으니 실은 삼교(유교·불교·도교)를 포함하여 군생(群生)을 접화(接化)하는 것이다. 들어와서는 집에서 효도하고 나가서는 나라에 충성하는 것은 공자의 뜻과 같은 것이요, 무위로 일을 처리하고 말없이 교(敎)를 행함은 노자의 종지(宗旨)와 같은 것이요, 악한 일은 하지 말고 선한 일을 받들어 행하는 것은 석가의 교화와 같은 것이다.(이항녕 번역)'

실로 최치원의 이런 증언이 아니었던들, 오늘날 풍류도는 그 명칭조차 남기지 못하고 말았을지도 모를 일인 것이다.

5. 유·불·선 삼교도 대자연 품속에선 풍류 하나로 녹아들밖에.

　이 땅의 후래 종교들은 은연중 풍류도의 감화를 받게 된다. 예컨대 일찍 이 땅에 들어와서 뿌리를 내린 불교를 보라. 그것은 풍류도화한 불교인 것이다. 왜 이 나라의 명찰은 대부분 명산의 품에 안겨 있는가? 왜 모든 고찰은 주변의 자연환경과 더불어 절묘한 조화를 이루고 있는가? 산신각은 무엇이고, 칠성각은 무엇인가? 풍류도는 이 땅의 원종교인 것이다.

6. 왜 이 강산은 도인의 나라인가? 풍류도가 있기 때문.

　풍류도의 이상은 한 사람 한 사람을 도인으로 만드는 일이다. 자연을 통해서 도인 되는 길을, 하늘·땅과 맞먹는 진인 되는 길을 배우고 깨쳐 터득하도록 이끄는 일이다. 심신을 한껏 정화하고 연마하여, 늘 사람이 본래 면목을 잃지 않고 살도록 계발하는 일이다. 이러한 풍류도가 알게 모르게 작용해 왔기에 예부터 이 나라엔 수많은 도인들이 존재해 왔고, 또한 현재에도 많이 있으며, 아마 앞으로는 더욱더 많이 배출돼야 할 줄 안다.

7. 왜 이 나라에 풍류도가 생겼는가? 강산이 더없이 오묘한 때문.

　한 발 가면 산이 섰고, 두 발 가면 물이 쌀쌀…… 그렇다. 이 나라의 자연처럼 오묘하고 수려한 강산이 있겠는가? 있다 해도 그것은 매우 드물지 않을까 한다. 때문에 이렇듯 축복된 땅, 바로 고요한 아침의 나라에서 풍류도가 생긴 것은 너무도 당연한 소치라 할 것이다.

8. 이 땅에 태어나서 풍류도 모른다면 무슨 보람 있으리오?

　감나무엔 감이 열려야 제격이듯이, 금수강산에 태어난 사람은 풍류도인이 되어야 어울린다. 그것이 이 땅에 태어난 보람이다. 그런데 풍류도엔 아랑곳 않고 반대로 물질적 이욕에 눈이 멀어 수단 방법을 가리지 않는 아귀가 된다면, 그는 아예 지옥으로 이주해야 마땅하다.

9. 풍류도야말로 공해로 죽어가는 지구촌 살리는 길.

　풍류도를 일종의 현실도피거나 시대착오쯤으로 치부하는 사람도 있으리라. 하지만 그것은 크나큰 오해이다. 풍류도는 결코 인간으로 하여금 자연만을 상대해서 살라고는 하지 않는다. 인간은 이제 자연만으로는 살 수가 없거니와 그렇다고 철저히 자연이 배제된 문명만으로도 살 수 없다. 자연(=하늘+땅)과 인간(=사람+문명)은 서로 균형과 조화를 이루어야 그 평화로운 발전이 가능하다. 오늘날의 고도화된 산업사회가 자아낸 폐단들, 그중 심각한 것이 인간성 상실과 공해 문제인데, 결국 그 원인은 문명에 대한 인간의 과신이 어리석게도 자연을 무시하고 남용하다 못해 학대했기 때문이다. 지금 지구촌은 가공할 중병을 앓고 있다. 그 주범이 인간이란 점을 똑바로 인식하고 맹성(猛省)해야 한다. 인간성 회복이나 환경 보전 등 당대의 과제들은 다시 인간이 자연과의 친화를 회복함으로써 해결의 실마리를 찾게 될 것이다.

10. 풍류도가 행해져야 음양오행이 제대로 돌아간다.

　오늘날 지구촌의 심상치 않은 갖가지 기상이변, 지독한 가뭄이나 아니면 대홍수, 빈발하는 지진, 괴질의 만연 등은 무엇을 뜻하는가? 닥치는 대로 생태계를 파괴하는 지구의 괴물, 인간의 철없는 만행에 대한 지구의 보복이 아닐까? 음양오행이 제대로 돌아가지 못하고 있다. 풍류도가 쇠퇴하여 인간이 인간답지 못하기 때문이다. 인간이 지나치게 탐욕의 노예로 전락했기 때문이다. 인간은 끝내 자멸하고 말 것인가? 하늘이 무너져도 솟아날 구멍이 있다고 하였거늘, 더 늦기 전에 탐욕을 버리고 풍류도 선양하여 우리 지구촌의 중병을 치유하자. 풍류도 실천하여 자연과 문명의 균형과 조화를 성취해야 한다. 개인과 사회, 국가와 세계를 더불어 정화하여 세계일화(世界一花)의 이상을 구현하자. 이제 풍류도는 한국 고유의 전통 사상으로 그칠 게 아니라 전 세계적인 구원의 메시지로 새롭게 인식되어야 할 것이다. [1992년 1월 탈고, 1996년 『문학예술』에 발표, 1999년 시집 『화랑영가』에 '부록'으로 수록]

고운(孤雲) 최치원(崔致遠)과 범부(凡父) 김정설(金鼎卨)
-풍류도와 관련하여

1. 들어가는 말

나는 전에 「풍류도란 무엇인가」라는 간략한 글을 쓴 적이 있다. 탈고한 때는 1992년 1월이었으나 발표한 것은 1996년 『문학예술』지를 통해서였다. 그 3년 뒤인 1999년에는 졸시집 『화랑영가(花郎靈歌)』에 부록으로도 수록한 바 있으니, 풍류도에 대한 관심이 유발된 건 20년 전쯤의 일인가 한다. 이래 풍류도는 나의 근원적인 화두의 하나로서 내 의식의 밑바닥에선 늘 꿈틀거려 온 것이 사실인데, 나는 역시 기질적으로 사상의 심도 있는 의미 천착이나 체계화에는 맞지 않아서인지 그냥 시작(詩作)으로나 반영해 왔을 뿐, 본격적인 풍류도 탐구는 지지부진 답보 상태였다.

그러다가 이번 예술원 세미나의 발표 순위가 바로 나에 이르렀다는 불똥이 떨어지니 나는 무엇인가를 발표해야 할 다급한 입장에 놓이게 되었다. 무엇을 주제로 삼아야 할 것인가? 고민 끝에 생각해 낸 것이 「최고운(崔孤雲)과 김범부(金凡父) - 풍류도와 관련하여」였다.

나는 우선 내가 전에 썼던 「풍류도란 무엇인가」를 재독해 보았다. 글에 나름대로 뼈대는 들어 있는지는 모르지만, 역시 예상대로 너무도 소략하고 엉성한 글이었다. 논리 전개가 치밀하지 못하고 비약이 많아

설득력이 부족했다. 다만 그 글의 서두에서 나는 왜 풍류도에 관심을 갖게 되었는지 그 동기를 피력한 바 있는데, 이하 그 대목을 재수록함으로써 이 글을 풀어 가는 실마리로 삼을까 한다.

<한국인의 정체성은 무엇일까? 한국인의 사유 방법, 그런 것이 있다면 그 근간을 이루고 있는 원형은 무엇일까? 다시 말해서 한국 사상사의 기조는 무엇일까? 한국의 문학, 예술, 종교, 학문 등 문화 전반의 근본에서 어떤 일관된 특색은 없는 걸까? 나는 오랜 모색 끝에 풍류도라는 말을 발견하고 쾌재를 불렀다. 아울러 백두산 천지 체험과 단군 신화 연구, 화랑도 연구, 마니산 답사 등은 나의 이런 생각을 확고히 해 주었다. 그렇다면 도대체 풍류도란 무엇인가? 나는 역시 시인인 만큼 그걸 우선 시에다 담고 싶었다. 그것도 아주 단도직입적인 잠언풍 시 형식에. 그래서 다음과 같은 일종 풍류도 선언을 쓰게 된 것이다.

풍류도

1
천·지·인 삼재의 균형과 조화, 그것이 풍류도다.

2
풍류도의 근원은 단군성조이고 극치는 화랑도.

3

풍류도를 달리 말하자면 대자연교라 할 수 있으리.

4

풍류도가 낳은 가장 위대한 학자 시인이자 도인이 최치원.

5

유·불·선 삼교도 대자연 품속에선 풍류 하나로 녹아들밖에.

6

왜 이 강산은 도인의 나라인가? 풍류도가 있기 때문.

7

왜 이 나라에 풍류도가 생겼는가? 강산이 더없이 오묘한 때문.

8

이 땅에 태어나서 풍류도 모른다면 무슨 보람 있으리오?

9

풍류도야말로 공해로 죽어가는 지구촌 살리는 길.

10

풍류도가 행해져야 음양오행이 제대로 돌아간다.>

2. 난랑비서(鸞郎碑序)

'나는 오랜 모색 끝에 풍류도라는 말을 발견하고 쾌재를 불렀다.' 그렇다면 그것은 언제 무엇을 통해서였던가? 고운 최치원의 '난랑비서'를 통해서였다. 길지 않은 짤막한 글이므로 여기에 『삼국사기(三國史記)』 제4권 '신라본기(新羅本紀)'에 실려 있는 한문 전문과 이항녕의 번역을 싣기로 한다.

  國有玄妙之道曰風流 設敎之源 備詳仙史 實乃包含三敎 接化群生 且如入則孝於家 出則忠於國 魯司寇之旨也 處無爲之事 行不言之敎 周柱史之宗也 諸惡莫作 諸善奉行 竺乾太子之化也
  나라에 현묘한 도가 있으니 풍류라 한다. 그 교를 창설한 내력은 선사(仙史)에 자세히 실려 있으니 실은 삼교(三敎)를 포함하여 군생을 접화하는 것이다. 들어와서는 집에서 효도하고 나아가서는 나라에 충성하는 것은 공자의 뜻과 같은 것이요, 무위로 일을 처리하고 말없이 교를 행함은 노자의 종지와 같은 것이요, 악한 일은 하지 말고 선한 일을 받들어 행하는 것은 석가의 교화와 같은 것이다.

  '국유현묘지도왈풍류(國有玄妙之道曰風流).' 우선 이 첫 마디부터가 결정적 충격과 감명을 안겨 준다. '나라에 현묘한 도가 있으니 풍류라 한다.' 글자 하나하나가 천근의 권위와 무게로 다가온다. 그렇다, 풍류도! 내가 그렇게도 목말라했던 한국 사상사의 일관된 기조가 풍류도 즉 현묘한 도였구나! 도대체 그렇듯 단호히 말하는 고운 최치원은 어떠한 사람인가?

3. 고운 최치원(857~?)

그는 경주 최 씨의 시조다. 부친의 권유로 어린 나이에 입당(入唐)한 지 6년 만인 18세에 당당히 과거에 급제했다. 그것도 장원으로. 유학 중 내내 귓전에 울렸을 아버지의 훈계, "네가 10년 공부하여 과거에 급제하지 못하면 너는 내 자식이 아니다. 아무쪼록 명심하여 아비의 소원을 저버리지 말거라."라고 했다는 훈계를 생각하면 과연 그 아버지에 그 아들이라 할 만하지 않겠는가?

고운은 나이 20세에 처음으로 당나라의 지방행정관 격인 선주표수현위(宣州漂水縣尉) 직책을 얻는다. 하지만 다음 해엔 외국인으로서 어렵게 얻은 관직을 내놓고 유도(儒道) 연구에 박차를 가한다. 그러나 생활고에 시달리는 3년간의 고투 끝에 마침 세력가 고변(高騈)에게 발탁되어 종사관(從事官)으로 서기 직책을 맡게 되었다. 당시는 당나라가 말기에 처해서 황소(黃巢)가 반란을 일으켜 도성을 점령했을 때다. 당 조정에서는 고변을 병마도통(兵馬都統)으로 임명하여 황소를 토벌케 하였다. 이에 따라 고운은 군중(軍中)의 문서를 전담하였으니, 당시의 표장(表狀)·서계(書啓)·격문(檄文) 등은 모두 그의 손으로 지어졌는데 특히 「토황소격문(討黃巢檄文)」은 명문으로 유명하다. 이하는 그 중의 한 대목이다.

<햇빛이 활짝 펴졌으니 어찌 요망한 기운을 그대로 두겠는가? 하늘 그물이 높이 쳐졌으니 나쁜 족속들은 반드시 제거되고 말 것

이다. 하물며 너는 평민 출신으로 농촌에서 일어나 불 지르고 겁탈하는 것을 좋은 짓으로 알고 살상하는 것을 급선무로 생각하여 헤아릴 수 없는 큰 죄만 있을 뿐 속죄할 수 있는 조그마한 착함은 없으니 천하 사람이 모두 너를 죽이려고 생각할 뿐 아니라 아마 땅속의 귀신까지도 가만히 죽이려고 의논하였을 것이다. 그러니 네가 비록 숨은 붙어 있다고 하지만 넋은 벌써 빠졌을 것이다.>

아무리 포악한 황소라 할지라도 이 대목을 읽고서야 어찌 간담이 서늘해지지 않을 수 있었으랴? 놀란 황소가 앉았던 의자에서 떨어졌다는 일화가 있을 정도. 이로 인해 고운의 문명은 온 천하에 울리게 되었다.

고운은 황소를 물리쳤다는 공로로 도통순관승무랑시어사내공봉(都統巡官承務郎侍御史內供奉) 작위와 함께 당 황제로부터 자금어대(紫金魚袋)를 받기에 이르렀다. 하지만 고운에겐 차츰 큰 갈등이 생겼다. 이대로 계속 당에 머물러 있다가는 마침내 중국화의 경향이 짙어져서 자신의 정체성이 희미해질 우려마저 있다고 본 것이다. 하여 그는 귀국을 결행한다. 29세에 금의환향하였으니 무려 16년 만의 환국이었다.

귀국한 그에게 헌강왕은 시독겸한림학사수병부시랑지서서감(侍讀兼翰林學士守兵部侍郎知瑞書監)이란 직을 주었다. 하지만 이듬해 헌강왕이 돌아가고 동생인 정강왕이 즉위하였다가 한 해 만에 그도 세상을 떠나고 진성여왕의 시대로 접어든다. 신라의 국운은 쇠퇴일로로, 대각간 위홍(魏弘)이 국권을 농락하며 온갖 악정을 자행할 때였다. 기울은 국력을 고운 혼자 힘으로는 어찌할 수도 없어 그의 마음은 중앙의 어지러운 정치를 떠나 여기저기 지방 태수를 자원하여 전전하게 된다. 그의 실의는 은둔으로 이어졌다. 아예 벼슬길과 인연을 끊고 바람처럼 구름처럼 홀가분하게 산천을 노닐며 풍류를 즐겼다. 경주의 금오산과 합천의 청량사, 강주(剛州)의 빙산(氷山), 지리산 쌍계사, 동래 해운대 등이 모두 그가 놀던 곳이다.

그는 마침내 결연한 탈속 의지가 느껴지는 시 한 수를 남겨놓고, 가족과 더불어 가야산 해인사로 종적을 감추었다.

    스님아 청산 좋다 말을 말아요
    산이 좋다면 왜 다시 나옵니까
    날 보시오 내 종적을
    청산에 한번 들면 다시 안 나오리라

고운의 몰년(沒年)과 몰처(沒處)를 아는 사람은 없다. 결국 고운은 신선이 된 것일까? 그의 결의대로 다시는 세상에 나오지 않았다. 명실공히 풍류도인으로 일생을 마쳤다.

신라 천 년을 대표하는 최대의 문호이자 한문학의 조종이며 유·불·선 삼교를 꿰뚫은 석학인 고운이 오늘날 되살아난다면 아마도 크게 놀랄 일이 있으리라. 당신이 남긴 수많은 시문, 저술 중에서도 가장 후세인의 관심과 논의의 대상이 되는 것이 바로 몇 줄 안 되는 짤막한 문장, '난랑비서'임을 알고서 말이다. 이 나라 고유의 국풍이라 할까, 종교, 철학, 사상에서의 일관된 핵심이 풍류도 한마디로 귀착된다는 것에 오늘날 한국의 사상계는 일각에서나마 들끓고 있다. 풍류도라는 말에 최초로 불을 붙인 고마운 분이 고운 최치원이라면 그 뒤 천 년의 잠복기를 거쳐 오늘날 그것의 부활과 더불어 그 본질 천명에 횃불을 든 이가 바로 범부 김정설이다.

4. 범부 김정설(1897-1966)에 대해서

범부의 풍류도관도 그 발단은 '난랑비서'였다. 「풍류정신과 신라 문화」라는 글에서 범부는 이렇게 말하고 있다.

<선생(최치원을 가리킴)은 문화적으로 모화파(慕華派)일지언정 배타적 국수론자는 될 수 없는 사리(事理)란 말이다. 그런데도 불구하고 난랑비문에 대서특필 왈 '국유현묘지도왈풍류 실내포함삼교(國有玄妙之道曰風流 實乃包含三敎)'라 하였으니, 우리는 신라에 일찍이 적어도 최치원 시대까지는 삼교를 포함한 '국교(國敎)'가 있었던 것을 발견할 수가 있는 것이다. … 이 '국(國)'자는 외국과 구별한 것으로 바로 신라국을 가리킨 것인즉 더 비언(費言)할 필요가 없겠고, 그 다음 '현묘지도(玄妙之道)'란 말은 … 이를테면 풍류도가 아니고 유교이드라면 결코 현묘지도라 적을 리 만무하단 말이다. 고인의 필법으로서 유교를 적을 경우면 반드시 정대지

도(正大之道)라 하든지 혹은 중정지도(中正之道)라 했을 것이고 만일 불교일 경우에는 혹시 현묘지도라 할는지도 모르지만 역시 고인의 신중한 필법으로선 현묘(玄妙)와는 의미를 달리해서 원융지도(圓融之道)라 하든지 대각지도(大覺之道)라 할 것이다. 그리고 오직 도교(道教)나 선도(仙道)일 경우에는 … 말하자면 현허지도(玄虛之道)라든가 청허지도(淸虛之道)라고 할 편이 더 많으리라 생각된다. … 생각건대 풍류도의 성격은 어떤 자(字)보다도 '현묘(玄妙)' 이자(二字)가 가장 적절했던 모양이니 알고 보면 현묘(玄妙) 이자(二字)야말로 과연 현묘한 것이다. 풍류도의 성격을 형언하는 데는 아닌 게 아니라 현묘(玄妙) 이자(二字) 외에 다른 자(字)가 있을 수 없는 것이다.>

이어서 범부는 '포함삼교(包含三教)'에 언급하여 특히 '포함(包含)' 두 글자의 함의를 파헤친다. <이 '포함(包含)' 이자(二字)를 잘못 해석하면 우리 문화사의 전체가 사뭇 비틀어지게 되는 판이란 말이다.>

풍류도가 삼교를 포함하고 있다는 말은 삼교가 이 땅에 들어오기 전부터 즉 풍류도의 연원인 단군의 신도설교(神道設教) 때부터 풍류도는 이미 이 땅 고유의 국풍(國風) 곧 원종교(原宗敎)로 있어 왔다는 사실이 전제되지 않으면 안 된다. 유·불·도 삼교는 이 나라의 후래 종교인 것이다. 이 나라엔 자고로 고유의 원종교인 풍류도가 있었기에, 즉 우리에겐 왕성한 주체적 생명력이 있었기에 후래 종교들을 능히 수용하고 소화하여 마침내 신라대에 이르러서는 화랑도(花郞道)의 찬란한 개화 결실이 있었던 것이다. 범부의 말대로 '화랑은 우리 민족 생활의 가장 중요한 지위를 차지한 일대 사건'이 아닐 수 없다.

다음은 『화랑외사(花郞外史)』에 대해서 말할 차례다. 그의 최초의 저술이자 대표적인 주저의 하나인 『화랑외사』는 본래 범부가 구술한 것을 젊은 제자인 조진흠(趙璡欽)이 받아서 쓴 것이다. 나의 시집 『화랑영가(花郞靈歌)』는 이 『화랑외사』에 촉발되어 내가 화랑도에 흠뻑 빠졌던 시절의 소산이다. 그런데 책명이 왜 정사가 아니고 외사인가? 거기에 대해서는 범부 자신이 서문에서 아주 소상히 밝히고 있다.

<금일에 있어서 화랑정신, 화랑생활의 활광경(活光景)을 묘출하려면 역시 설화의 양식을 선택해야겠고 이러한 양식을 선택하는 이상은 얼마만한 윤색과 연의(演義)가 필요한 것이라, 그리고 본즉 저절로 외사의 범주에 속하게 되는 것이다. 그러나 외사라 해서 황당무계한 것은 자초(自初)로 경계할 바이요, 외사의 의의는 오히려 정사 이상으로 활광경을 사전(寫傳)하는 데 있는 것이다.>

지당한 말이다. 나는 『화랑외사』를 숙독하는 동안 어느덧 온몸이 달아오르며 자신도 모르게 우리 배달겨레 정통의 피가 끓어오르는 감격을 여러 번 느꼈다. '그렇다, 나는 시인인 만큼 이 아름답고 숭고한 화

랑의 행적들, 장엄한 피의 드라마를 반드시 시로 재창조해야겠다.' 그리하여 『삼국유사(三國遺事)』, 『삼국사기(三國史記)』, 그 밖의 자료들도 아울러 참고하여 써 낸 것이 『화랑영가』였다.

그 시집에서 내가 다룬 것은 1 화랑을 기림, 2 월명사를 기리는 노래, 3 백운과 제후와 김천 이야기, 4 검군, 5 효녀 지은과 효종랑, 6 미륵 선화 미시랑과 진자사, 7 한송정에서 사선을 생각하다, 8 김응렴, 9 사다함을 기리는 노래, 10 무관랑의 말, 11 사다함의 말, 12 관창, 13 비녕자와 거진과 합절, 14 충효 삼대, 15 소나 부자, 16 김흠운, 17 해론 부자, 18 귀산과 추항, 19 필부, 20 핍실이 아내에게 남긴 마지막 말 등인데 유감스럽게도 그 중 계란의 노른자위와도 같은 중요한 인물이 둘이나 빠져 있다! 물계자(勿稽子)와 백결(百結) 선생. 여기서 범부의 다음과 같은 말은 꼭 되새겨 보아야 할 줄 안다.

<화랑을 정해(正解)하려면 먼저 화랑이 숭봉(崇奉)한 풍류도의 정신을 이해해야 하고 풍류도의 정신을 이해하려면 모름지기 풍류적 인물의 풍도(風度)와 생활을 완미(翫味)하는 것이 그 요체일지라, 그래서 그 현묘한 풍류도의 연원을 묵상하던 나머지 물계자와 백결 선생을 발견한 것이니 누구든지 진실로 화랑외사를 상독(詳讀)하는 분은 물계자, 백결 선생으로부터 그 독차(讀次)를 취하면 거기에는 암연(暗然)히 일맥 관통의 묘리를 짐작하게 될 것이다.>

고백컨대, 내가 물계자와 백결 선생에 대해 비상한 흥미를 느끼면서도 시화하지 못한 것은 나의 역부족 때문인데, 후일을 기약한 셈이건만 지금까지도 실현이 안 된 상태다.

다행히 2010년에 나온 『범부 김정설 연구 논문 자료집』에는 이완재 교수의 「범부 선생과 동방 사상」이란 논문이 실려 있는데, 좀 길지만 아주 요령을 얻고 있는 집약된 글이라 그 끝부분이나마 여기에 인용해 두려 한다.

<특히 『화랑외사』의 「물계자와 백결 선생」편은 풍류정신을 가장 심도 있게 다룬 글이라고 할 것이다. 그러나 이 글들이 논문 형식이 아니고 소설적인 설화 형식으로 서술되었으므로 그 속에 담긴 풍류정신이 어떤 것인가를 체계적으로 이해하기는 쉽지 않다. 그러므로 필자가 이해한 대로 그 내용을 간추려 보고자 한다.

풍류라는 말은 우리말로 '멋'이란 말이다.

멋의 본질은 '사우 맞는 데[調和]'에 있다.

만물은 '제 길수[自然之理]'가 있는데 제 길수를 얻을 때 사우가 생긴다.

천지는 화기(和氣)로써 언제나 사우가 맞아 있다.

천지의 화기가 곧 나의 화기임을 깨달을 때 '제작[天人妙合]'이 생긴다.

제작이 되면 터져버린다[融通透徹].

터지게 될 때 참 멋이 생겨나고 참 멋은 살아 움직이게 된다.

이상에서 범부 선생의 표현을 빌려 풍류도의 골자를 정리해 보았다. 풍류도의 귀일점은 대조화(大調和)에 있다고 할 수 있다. 풍류도가 유·불·선 삼교를 포괄하였다고 했거니와 위의 풍류정신에는 삼교의 원리가 모두 융해되어 있다. 천인묘합(天人妙合)이란 표현 속에 삼교의 오의(奧義)를 포괄하고 있다고 할 것이다. 범부 선생은 그 원리를 지식으로서가 아니라 생생한 우리말로 살아서 숨 쉬는 풍류정신을 나타내 보였다.>

그런 뜻에서 이완재 교수는 범부 선생을 '신라 정신 풍류도의 화신'이라 말하고 있는 것이다.

5. 범부의 최제우론(崔濟愚論)

범부의 몇 안 되는 저술 중에서도 매우 중요한 비중을 차지하는 필독의 글이 「최제우론」이라는 것, 나는 그 사실을 이번에야 알았다. 연보를 찾아보니, 그 글은 그가 64세 되던 1960년 동학 창도 백주년 기념 특집으로 펴낸 『세계(世界)』지에 발표된 것이었다.

그러면 최제우는 어떠한 사람인가? 『한국인명대사전』(1967년 신구문화사)에 실려 있는 내용을 간추려서 기록해 본다.

<1824(순조 24)~1864(고종 1). 동학(東學)의 창시자. 호는 수운(水雲). 초명은 복술(福述). 본관은 경주. 옥(鋈)의 아들. 일찍부터 경사(經史)를 익혀 학문 연구에 전심하다가 1844년(헌종 10) 전국 각지를 유람하며 구도 행각에 나섰다. … 1859년 경주에 돌아가 용담정(龍潭亭)에서 보국안민의 대도를 깨우치기 위한 수도를 시작, 이듬해 기독교적인 영향과 유불선의 동양 3교를 토착 민간신앙 위에 융합하여 시천주(侍天主)의 사상을 핵심으로 한 인내천(人乃天)의 교리를 완성하고 동학(東學)을 창시, 천(天)·인(人)을 대도의 근원으로 하고 성(誠)·경(敬)·신(信)을 도의 본체로 하며 수심정기(守心正氣)를 수도의 요결(要訣)로 삼아 포교를 시작, 도를 천도(天道)라 했다. … 1863년 교인 3천여 명, 접소(接所) 14개소를 확보했다. 이 해 7월 제자 최시형(崔時亨)을 북접대도주(北接大道主)로 삼은 뒤 8월 도통(道通)을 계승시켜 교주(敎主)로 삼았다. 이듬해 각 접소를 순회하던 중 용담에서 선전관(宣傳官) 정운귀(鄭雲龜)에게 피체, 3월 사도난정(邪道亂正)의 죄목으로 대구장대(大邱將臺)에서 사형되었다.>

비록 수운은 겨우 40세에 형장의 이슬로 사라지고 말았시만, 천도교의 초대 교주로서 그가 민중에게 끼쳤던 영향은 참으로 이루 헤아릴 수 없을 만큼 막대한 것이었다. 역사에 길이 불멸의 획을 긋고도 남을 만큼. 「인내천(人乃天)의 횃불을 들다」라는 최제우론의 말미에서 신일

철(申一澈) 교수는 이렇게 글을 맺고 있다. <그의 보국안민(輔國安民), 광제창생(廣濟蒼生)의 대도는 길이 문도들의 가슴속에 남아 전봉준이 영도한 동학 혁명의 근본정신으로 계승되고, 다시 손병희가 영도한 3·1 독립운동에까지 이어 내려왔던 것이다.>

천도교의 뚜렷한 특색의 하나는 '계시종교'라는 데 있다. 37세 되던 1860년 4월 5일에 수운 최제우는 아주 신비로운 천계(天啓)를 받는다. '아무런 형체도 없이 공중에서 말씀하는 그 주인공은 바로 단군 이래 이 땅의 민중이 늘 마음으로 모시고 받들어온 한울님이었다.'(박맹수) 수운의 그런 접신이랄까 강령(降靈) 체험에 대한 범부의 생각을 알아보기 위해 「최제우론」에서 몇 구절 인용해 보기로 한다.

< … 그런데 이 강령(降靈)이란 법문(法門)은 그 유래가 어디서 오느냐 하는 것이다. 이것은 멀리 찾을 것도 복잡하게 설명할 필요도 없이, 무속에서 유래한 것이다. 무릇 무속은 샤머니즘계의 신앙 유속(流俗)으로서 신라의 풍류도의 중심 사상이 바로 이것이고 또 이 풍류도의 연원인 단군의 신도설교(神道設敎)도 다름 아닌 이것이다. … 그래서 이 신도(神道), 더구나 풍류도의 성시(盛時)에는 모든 문화의 원천도 되고 인격의 이상도 되고 수제치평(修濟治平)의 경법(經法)도 되었던 것이 후세 이 정신이 쇠미해지면서는 거러지, 풍각쟁이, 사시락이, 무당패로 떨어져 남아 있어서 오늘날 무속이라면 그냥 깜짝 놀라게 창피해하는 것이다. 그래 그렇게도 현묘한 교

법이 어째서 이다지도 영락했는가 하는 것도 우리 문화사상 중요하고도 흥미 깊은 한 개의 과제가 아닐 수 없는 것이다.

… 수운이 체험한 계시 광경은 일종의 강령(降靈) 즉 '내림이 내린 것'으로 볼 수 있고 … 이것이 꼭 무속의 '내림'에서 온 것이 틀림없고 본즉, 이건 과연 우리 문화사·사상사에 천번지복(天飜地覆)의 대사건이라 하겠다. 왜냐하면 단대(檀代)의 신도설교(神道設敎)는 방사(邦史)의 일관한 교속(敎俗)으로서 고구려·백제가 다 한가지로 이것을 신앙의 표준으로 삼았는데, 신라에 와서는 마침내 이 정신이 더욱 발전하고 세련되고 조직화되어서 풍류도를 형성하여 신라 일대의 찬란한 문화를 양출(釀出)하고 걸특한 인재를 배양하고 또 삼국통일의 기운을 촉진했던 것이다. 그러다가 외래문화인 불교나 유교와 서로 융(融)·섭(攝)하면서 점점 변형이 되는 일면, 이 도(道)의 사기(士氣)가 세변(世變)과 함께 강쇠한지라, …

… 외래문화의 형태가 사회의 주류를 짓게 되는 때는 언제나 토풍(土風)의 그것이 도태를 면치 못하고 그 유풍류속(遺風流俗)은 저절로 주류문화의 혜택이 소원한 하층 사회에 잔존하는 것이 저간의 통칙(通則)인지라 계세(季世)에 와서 …

… 그런데 역사도 왕왕 기적적 약동이 있는 모양인지라 혼수(昏睡)에 취몽(醉夢)으로 지리한 천 년의 적막을 깨뜨리고 하늘에서 외우는 소리는 웬 셈인지 마룡동(馬龍洞) 최제우를 놀래 깨운 것이다. 이것이 과연 '역사적 대강령(大降靈)'이며 동시에 신도성시정

신(神道盛時精神)의 '기적적 부활'이라 할 것이다. '국풍(國風)의 재생'이라 할 것이며 '사태(史態)의 경이(驚異)'라 할 것이다.정말 어마어마한 역사적 대사건이었다.>

현재 원광대 교수이며 동학학회 부회장인 박맹수는 최근(2009년)에 아주 주목할 만한 논문「범부 김정설의 동학관」을 발표했다. 그 끝부분에서 그는 이렇게 요약하고 있다.

<결론적으로, 동학의 핵심 사상은『동경대전』과『용담유사』에 집약되어 있으며, 그 중에서도『동경대전』의 일명「동학론(東學論)」으로 불리는「논학문(論學文)」에 잘 집약되어 있다.「논학문」은 수운 최제우 선생이 제정한 21자 주문에 대해 상세히 해설하고 있는데, 21자 주문은 '시천주조화정 영세불망만사지(侍天主造化定 永世不忘萬事知)'라는 13자 주문으로 집약되며, 그것은 다시 '시천주(侍天主)' 석 자, 마지막에는 시(侍) 한 글자, 즉 '모심'이란 말에 집약되어 있다.>

정곡을 찌른 탁견이라 본다. 그리고 또 한 분,『후천을 열며』라는 수운 최제우 평전을 쓴 윤석산 교수는 역시 이 '시(侍)'자를 풀이하여 다음과 같이 설명하고 있다.

<'내 안에 한울님을 모셨다'라는 것은 다름 아니라, 안으로는 처음 태어난 아기의 마음과 같은 가장 순수한 마음, 곧 한울님으로부터 품부 받은, 한울님의 마음을 지니게 된다는 말과 같은 것이라고 하겠다. 또 '밖으로 기화(氣化)가 있었다'라는 말은 어머니의 뱃속에서 처음 생명이 형성될 때, 즉 지금까지는 우주에 혼유되어 있던 무형의 생명이 인간이라는 유형의 생명으로 막 바뀌는 그 순간, 이 생명체가 우주의 기운과 접하게 되는, 그러한 신비함을 체득하는 그 순간을 말하는 것이라고 하겠다. … '시(侍)'는 곧 생명이 포태되는 순간이다. 그러므로 우리는 어머니의 뱃속에서 포태되면 누구나 '시(侍)'의 순간, 즉 시천주(侍天主)를 하게 된다.>

그렇다, 시천주(侍天主)! 자기 안에 한울님을 모시고 있음이여. 나와 한울님은 둘이 아니다. 한울님은 나의 몸 밖에 따로 있는 것이 아니다. 그러기에 천인일체(天人一體), 인내천(人乃天)인 것이다. 인도의 고대사상 우파니샤드의 범아일여(梵我一如)를 연상케도 한다.

하지만 말이 쉽지, 그러기 위해서는 인간은 끊임없이 극복과 정화의 수행을 지속하여 자기 안에 한울님을 모실 수 있을 만큼 늘 청정 겸허하고 더없이 성실해야 될 것이 아닌가? 그런 신인묘합(神人妙合)의 실현을 위해서는 인간은 그야말로 성(誠)·경(敬)·신(信)의 덩어리가 되어야 할 것이다. 그러한 천복(天福)을 나만이 아니고 인간 누구나가 더불어 누리자면, 아니 누릴 수 있다면, 그 순간에 우리 인간 사회는 지상

낙원이 될 수밖에 없으리라.

　범부는 최제우에 온통 반했던 사람이다. 아마도 오백 년 아니 천 년에 한 사람쯤 나올까 말까 한 종교적 천재라고 생각하지 않았을까. 안 그러면 어떻게 수운의 득도를 두고 '역사적 대강령(大降靈)'이라느니, '신도성시정신(神道盛時精神)의 기적적 부활'이라느니, '국풍(國風)의 재생'이라느니, 또는 '사태(史態)의 경이'라고까지 찬탄할 수 있었을까? 우리는 여기서 수천 년 역사의 실상을 투시하는 범부의 안목과 예지를 기리지 않을 수 없다. 그렇다, 범부는 한마디로 위대한 견자(見者)였다. 미당(未堂)의 말마따나 '하늘 밑에서는 제일로 밝던 머리'였다. 이 나라 문화의 중심 개념을 '풍류도'라 갈파하고, 단군의 신도설교(神道設敎) 때부터 그것이 면면히 이어져 오다가 마침내 신라 성대에 이르러선 찬란한 개화결실, 즉 화랑도의 선양으로 말미암아 신라는 정치, 문화 모든 분야에서 혁혁한 번영을 이룩했던 것인데, 그 뒤론 쇠퇴 일로였던 국풍이 부활하고 신도(神道)가 재생한 건 바로 최제우가 출현했기 때문임을 범부는 투시했다. 실로 범부는 풍류도 하나로 한국문화 오천 년을 환히 꿰뚫었던 놀라운 천재였다. 풍류도라는 끈의 아득한 저쪽 끝은 고운 최치원이, 그리고 이쪽 끝은 범부 김정설이 쥐고 있는 셈이겠다. 최제우는 경주 최 씨로서 최치원의 후손이고, 김범부와 더불어 그들 세 사람이 신라의 고도 경주 출신이라는 것은 '인걸은 지령(地靈)'이란 말이 암시하듯 단순한 우연의 소치만은 아닌 것 같다.

6. 풍류도인이란 어떠한 사람인가

국어사전에 나와 있는 풍류의 뜻은 대개 두 가지다. 첫째, 음악을 예스럽게 일컫는 말. 둘째, 자연을 즐기어 시나 노래를 읊조리며 풍치 있고 멋스럽게 노는 일. 아예 더 줄여서 '노래와 춤'으로만 설명하고 있는 사전도 있다. 물론 여기서의 노래와 춤은 통속적인 저차원의 그것과는 거리가 먼 것이다.

한편 나는 '풍류(風流)'를 두고 글자 그대로 해석해도 좋다는 생각을 한다. 바람의 흐름. 바람이란 말이 새삼스럽게 신선하게 다가온다. 한여름의 맑고 시원한 바람. 그런 바람을 만났을 때 우리는 생명의 약동을 느낀다. 신생의 희열을. 그렇다. 바람을 바로 '기(氣)'라고 생각하면 어떨까? 풍류는 그러니까 기의 흐름이다. 기는 에너지다. 기를 들이쉬고 내쉰다는 것은 에너지를 들이쉬고 내쉰다는 것이다. 한마디로 호흡인데, 그것이 멎으면 생명체는 죽을 수밖에 없다. 한낱 티끌 같은 미생물에서 일월성신에 이르기까지 생명이 있는 모든 것, 삼라만상은 이 호흡으로, 신진대사로, 질서정연한 에너지의 흐름으로, 온갖 크고 작은 운동으로 생명을 유지한다. 천·지·인 삼재가 균형과 조화를 이루고 있다. 그런 생명의 균형과 조화를 가능케 하는 것이 풍류라고, 즉 기의 흐름이라고, 달리 말하자면 신의 섭리이고 자연의 묘리라고 하면 어떨까? 보이는, 안 보이는 일월성신의 운행이 바로 영묘하기 그지없는 대우주의 음악이요 춤이다. 왜 풍류를 노래와 춤으로만 말해도 좋은지 이제 이해가 되리라 믿는다.

생각건대 풍류도인이란 자신의 생체리듬을 우주의 율려에다 맞추려는 사람이다. 가슴 안에 천지자연이 들어 있는 사람이다. 자기 안의 자연과 밖에 있는 자연이 만나서 하나 될 때 그는 최대한의 삶의 기쁨과 보람을 느낀다. 풍류도인이 예외 없이 자연친화적이라는 것은 실상 너무도 당연한 일이다.

그런데 이 나라엔 자고로 수많은 도인들이 나왔다. 그것은 왜일까? 강산이 더없이 오묘하고 수려한 까닭이다. 인걸과 문화는 풍토의 소산인 것이다. 한 발 가면 산이 섰고 두 발 가면 물이 쏼쏼…. 이런 풍토에서 어떤 오묘하고 신비스러운 인물이 안 나오면 어디서 나오랴? 예컨대 속리산이나 계룡산 등 명산에 가보면 알 수 있다. 이 암자는 도인이 혼자 수도했던 곳이라고, 저 토굴은 어느 생식 도인이 정진했던 곳이라고, 신선이나 선녀도 많아 저 바위 꼭대기는 신선이 학춤을 추었던 곳이라고, 저 옥류는 달밤에 선녀가 목욕했던 곳이라고 하는 등의 얘기들이 널려 있다. 도인을 꿈꾸고 도통을 염원하는 이른바 도꾼들은 오늘도 산의 영기 서린 명당을 찾아 곳곳에서 도를 닦고 있다.

왜 이 강산은 도인의 나라인가? 풍류도가 있기 때문. 풍류도의 이상은 한 사람 한 사람을 도인으로 만드는 일이다. 자연을 통해서 도인이 되는 길을, 하늘·땅과 맞먹는 진인이 되는 길을 배우고 깨쳐 터득하도록 이끄는 일이다. 심신을 한껏 정화하고 연마하여 늘 사람이 본래면목을 잃지 않고 살도록 계발하는 일이다. 이러한 풍류도가 알게 모르게 작용해 왔기에 옛날부터 이 나라에는 수많은 도인들이 존재해 왔고, 또한 현재에도 많이 있으며, 아마 앞으로는 더욱 많이 배출돼야 할 것이다.

 풍류도에 눈뜨면서부터 차츰 시간이 흐름에 따라 나는 두 가지 저술 계획을 갖기에 이르렀다. 하나는 『풍류도란 무엇인가?』, 다른 하나는 『풍류도인 열전』이 그것이다. 『풍류도인 열전』을 산문으로 쓰기가 힘들다면 시로 쓰면 어떨까? 그런 범주에 들어갈 만한 시를 나는 이미 상당 편 써 놓은 게 있다. 그 중에서 「마니산 참성단」, 「화랑을 기림」, 「환학대에서 최치원을 생각하다」 세 편만 이 글 마지막에 선뵈기로 한다.

 다시 풍류도인이란 어떠한 사람인가? 이제 그것을 실감하자면 여기에 발표된 시편을 곰곰이 읽어보면 될 것이다. 하지만 그것은 너무 무뚝뚝한 불친절일 것 같아 내가 평소 생각해온 풍류도인관을 - 지금까지 말해 온 것들 말고도 할 말이 남았기에 - 좀 더 피력해 보려 한다.

 1. 하늘과 땅은 한마디로 자연의 뜻이다. 그 자연에서 사람이 나왔기에 하늘·땅·사람은 하나의 기로 꿰뚫려 있다. 삼재(三才)는 서로 밀접 불가분의 영향을 주고받는 관계인 것이다. 때문에 인간은 자연과의 균형과 조화를 깨지 않는 한도 내에서 지속적인 발전을 도모해야 될 것이다. 그 성패는 전적으로 인간에 달려 있다. 인간이 인간답지 못하게 되면, 인간 자신만 타락할 뿐 아니라 자연의 질서도 깨지게 마련이다. 인성과 자연이 아울러 황폐한데 어디서 풍류를 구가할 수 있으리오? 사람이 정말 하늘·땅과 맞먹는 위상을 견지하며, 삼재의 균형과 조화를 누리려면 진인이 돼야 한다. 그리하여 하늘·땅과 호흡을 같이 하며 우

주의 리듬을 자기의 생체 리듬으로 감득할 때, 그는 어느덧 대풍류인이 돼 있는 자신을 깨닫게 될 것이다.

2. 풍류도를 달리 말하자면 대자연교라 할 수 있으리라. 하늘에서 땅이 나왔고 땅에서 만물이 나왔다. 사람은 그 만물 중의 영장이다. 때문에 사람은 자신의 근원인 하늘과 땅, 즉 자연을 존중해야 하며 사랑해야 마땅하다. 안 그러면 당연히 죽을 수밖에 없다. 생각해 보라. 맑은 물 없이, 깨끗한 공기 없이 사람이 잠시나마 살 수 있겠는가? 자연 오염은 인간 오염이고 자연 파괴는 인간 파괴임을 통절히 인식해서 환경 보전에 힘써야 한다. 겸허한 마음으로 대자연의 가르침에 귀를 기울여야 할 것이다.

3. 풍류도인은 하늘·땅·사람이 하나의 기로 꿰뚫려 있음을 믿는 사람이다. 인간을 포함한 삼라만상이 하나의 생명 덩어리인 것이다. 하지만 우리 인간만은 하늘·땅과 맞먹는 만물의 영장답게 늘 자기 극복과 정화의 수양을 게을리 해서는 안 된다.

4. 풍류도인은 무슨 일에 종사하건 그것이 자기가 선택한 업일진대, 거기에 최선을 다함으로써 자리즉이타행(自利卽利他行) 곧 홍익인간을 실천하는 사람이다. 사랑과 자유를 누리는 사람이다. 애써 갈고 닦은 능력의 집중과 지속을 통해 그가 마침내 도달하게 되는 것은 천인묘합의 경지일 것이다.

5. 풍류도인은 유·불·선 삼교의 진수가 하나로 원융무애의 조화를 이루고 있는 사람이다.

6. 풍류도인은 가슴이 무궁무진 트여 있는 사람이다. 빛과 고요, 부드러움 향해서 열려 있는 사람이다. 그도 지금 여기라는 역사적 사회적 제약은 받겠지만, 그것에 의해 압사당하는 경우는 없을 터. 그가 극복 못할 어떤 절망도, 그가 투시 못할 어떤 어둠도 공포도 없다. 그는 늘 밝고 따뜻한 생명과 존재 편에 서 있기 때문이다. 모든 사물이 갖는 진(眞)·선(善)·미(美)·성(聖)의 가치에 대해 대긍정과 찬미의 시선을 보내기 때문이다. 언제 어디서나 유유자적하며 천지자연과 하나 되어 살아간다.

7. 자고로 이 나라엔 도인은 도인이되 불교의 도인도 유교의 도인도, 또는 기독교의 도인도 아닌, 그렇게 부르기엔 어딘가 어색한 도인들이 허다하다. 그러한 도인 앞엔 '풍류' 두 글자가 딱 들어맞는다.

『풍류도인 열전』의 제1순위는 단군성조다. 그 다음으로는 신라 성대의 화랑들이나 고승, 그 밖의 풍류인들이 들어가게 될 것이고, 신라의 마지막을 장식한 도인인 고운 최치원, 그 다음 고려, 조선, 현대로 이어질 터이나 아무튼 내가 도인 반열에 올려놓고 싶은 사람들 중엔 김시습, 윤선도, 김홍도, 최제우, 김삿갓, 김정희, 김범부 등도 포함되어 있음을 밝히고 이만 각필한다.7) [2012년 봄에 탈고해 '대한민국예술원 제47회 회원 세미나'에서 발표]

---

7) 2012년 5월 30일 영은 미술관에서 있었던 '제47회 대한민국예술원 회원 세미나'에서 주제로 발표된 이 글은 『2012 대한민국예술원 회원 세미나 주제 발표 자료집』에 수록되었는데, 발표 당시에는 뒤에 '7. 풍류도인찬 3편'이란 중간 제목으로 「마니산 참성단」, 「화랑을 기림」, 「환학대에서 최치원을 생각하다」 등 3편의 시가 덧붙어 있었다. 이 책에서는 제1부에 같은 시편들이 나오므로 생략하였다. [편집자]

본연의 삶

  문 : 선생님의 이번 설악시편(雪嶽詩篇)을 읽어 보니, 자연에의 순수한 경도랄까 산수미(山水美) 예찬이 두드러져 있더군요. 언제부터 그러한 지향을 지니게 되셨는지, 이 시편을 쓰게 되신 경위와 아울러 말씀해 주셨으면 합니다.

  답 : 제가 설악에 다녀온 것은 재작년 여름이었습니다. 집중 폭우로 인한 홍수 사태에다 태풍까지 겹쳐서, 전국 도처에서 엄청난 재해를 겪은 뒤였지요. 때문에 등산로와 다리가 유실된 곳도 많아 다소 위험할 정도였지만 쾌청한 날씨에다 계곡마다 물이 넘쳐 여름 설악의 산수미는 그 절정의 장관을 드러내고 있었습니다. 전에도 외설악엔 수삼 차 다녀온 일이 있었지요. 하지만 백담사에서 대청봉을 넘어 비선대로 빠지는 2박 3일 코스를 결행한 건 그때가 처음이었습니다. 마침 자청해서 안내를 하겠다는 청년이 나타나서 그 꿈같은 일이 실현되었던 것입니다. 설악을 다녀온 지 두 달쯤 지나서 이 시편이 써졌습니다.
  자연에 특별히 관심을 갖게 된 게 언제부터라고 잘라 말할 수는 없겠지만, 굳이 말하자면 이곳 쌍문동 우이빌라로 이사 온 뒤부터, 그러니까 삼사 년 전부터 부쩍 그렇게 된 것이라 할 수 있겠지요. 저의 집 서창으론 북한산 산세가 그야말로 한눈에 들어옵니다. 스물네 시간 명

산을 바라보며 산다고 해도 과언이 아닙니다. 또한 불과 십 분이면 그 품 안의 숲속으로 들어갈 수 있습니다. 오후엔 산책 삼아 능선을 타는 것이 저의 일과이기도 합니다.

저는 이곳에서 인생의 노년기를 누리게 된 걸 단순한 우연이라 생각하지 않습니다. 저의 수호신이 인도해 준 것이라 믿고 있습니다. 늙어 갈수록 할 일이 아주 많은 것 같아요.

문 : 지금까지 펴내신 11권의 시집을 볼 때, 시의 주제 내용이나 형태에서 선생님은 지극히 다양한 시도를 해 오셨음을 알 수 있습니다. 4행시만을 모은 『사행시 백삼십사편』, 민요시만을 묶은 『서울의 하늘 아래』, 연애시만을 모은 『라일락 속의 연인들』, 그런가 하면 세계기행 시집 『아이오와에서 꿈에』, 사회시 또는 시사시 모음이라 할 수 있는 『시인아 너는 선지자 되라』, 그리고 지난해엔 불교시집으로 『산화가』를 펴내셨으니까요. 서사시 「이효봉 대종사 송(頌)」 말고도 두 편의 서로 취향을 달리하는 자전적 장시 「혼돈과 창조」와 「빛과 어둠의 사이」도 물론 들어야 되겠지요. 그런데 지금까지의 작품을 통틀어 살펴보더라도 자연시(自然詩)가 아주 없었던 건 아니지만, 그것이 근래의 경우처럼 어떤 핵심을 이루었던 시기는 없었던 걸로 생각됩니다. 선생님이 인사(人事)에 치중해 온 휴머니스트 시인이라고 판단되는 이유이지요. 그리하여 어떤 이는 근래에 두드러진 선생님의 자연시 편중에 대해서 의아하다는 눈초리를 던지고 있습니다. '아무리 자연시라고 하더라도

시에서 그렇듯 인사가 배제되면 남는 것은 박제된 자연이 되는 게 아닐까? 역사적·사회적 현실 밖에서 초연해 보는 것도 좋을지 모르지만, 엄밀히 말해서 그건 시대착오적 현실 도피라고 비난받아 마땅하다.' 가령 이렇게 보는 이가 있다면, 거기에 대해서 어떻게 항변하시렵니까? 아까 말씀하신 환경의 변화, 그것 말고도 자연에 크게 관심을 갖게 된 어떤 다른 동기는 없었는지요?

답 : 저의 자연시에서 인사가 배제되어 있다고 보는 것은 매우 피상적인, 성급한 견해에 지나지 않습니다. 설사 인간이 전혀 등장하지 않는 자연시를 썼다 해도, 그 작품의 작자는 인간이고 시의 행간엔 작자인 인간의 호흡과 맥박이 생동하고 있을 게 아닙니까? 저의 자연관의 근본에는 천·지·인 삼재 사상이 있습니다. 하늘과 땅과 사람은 서로 밀접·불가분의 상호보완적 친화 관계를 유지해 왔습니다. 사람이 배제된 하늘과 땅은 무의미합니다. 마찬가지로 하늘·땅이 배제된 인간이란 존재할 수도 없는 것입니다. 삼재는 서로 친화를 이루어야 삼라만상이 조화와 균형 속에 본연의 모습(각자의 특성)을 드러내면서 번영할 수 있습니다.

하늘과 땅을 우리는 한마디로 자연이라고 말해 왔습니다. 그러나 하늘·땅만이 자연은 아닙니다. 사람도 실은 자연에 속해 있는 존재, 곧 자연의 일부임을 알아야 합니다. 그러기에 자연이 인간 밖에만 있는 것은 아닙니다. 인간 안에도 자연이 있습니다. 자연이 갖고 있는 온갖 물질적 요소는 또한 인간 안에도 있다는 말입니다. 쉽게 말해서 지(地)·수(水)·화(火)·풍(風)은 내 안에도 있습니다. 내가 추운 것은 내 안의 불이 부족한 탓입니다. 내가 목마른 것은 내 안의 물이 아쉬운 탓입니다. 내가 그 목마름을 해결하려면 내 안에 잦아든 물과 밖에 있는 물이 만나야 합니다. 나의 타는 입술이 맑고 시원한 샘물에 닿는 순간, 나는 다시 소생하게 됩니다. 삶의 축복을 받게 되는 것입니다. 인간과 자연의 뿌리는 같습니다. 인간 안의 자연과 밖에 있는 자연이 하나로 통했을 때 인간의 자아는 우주적 자아로 확충될 수 있습니다. 삶의 뜻과 기쁨과 보람을 최대한으로 실현할 수 있습니다. 그러기에 인간은 자연을 보호하여야 하며, 자연과의 밀접한 친화를 유지해 나가야 합니다. 자연에 대해서 겸허한 자세와 존중하는 마음을 갖는 것이 도리일 것입니다. 나아가서는 천지 자연 속에 구석구석 스며 있는 신령한 힘, 초자연의 섭리에 대해서 경외의 마음을 품는 것이 만물의 영장인 인간으로서의 인간다움이 아닐까 합니다.

그런데 오늘날 인류의 실상은 어떻습니까? "자연의 도전을 인류는 극복했다. 그 증거가 유사 이래 인류가 쌓아 온 문명인 것이다. 지구 전체가 일일생활권을 형성하고 있는 장관을 보아라. 지구 정복은 옛날 이야기고 이젠 달마저 정복하였으니 인류에겐 바야흐로 우주 시대가 도래한 것이다." 하고 뽐내는 소리가 들립니다.

그러나 한편 지구촌 안엔 여전히 온갖 아귀다툼이 끊일 새 없이 일고 있습니다. 전 세계가 핵전쟁의 종말적 위협 아래 있으면서 국지적으로는 재래식 전쟁이 자행되고, 온갖 부조리, 폭력, 학살, 질병, 기아, 빈곤의 비참이 활개치고 있습니다. 과학기술의 발달은 과연 경이적인 것이지만 거기에 상응하는 인간의 도덕성이 계발되지 못한 데에 그 원인이 있다고들 학자들은 말합니다.

기형적으로 과발달(?)한 문명의 중압 속에서 인간은 위축되고 균형을 잃어 비인간화의 증후를 나타내고 있는 게 사실이죠. 현대의 갖가지 가공할 문명의 공해와 그것이 야기한 치명적 질병들을 떠올려 보십시오. 거기서 인간이 해방되어 건강을 되찾자면 다시 인간 본연의 삶을 회복해야 될 줄로 압니다. 문명이란 인위적인 것, 인공적인 것의 정화이긴 합니다. 참으로 편리한 문명의 이기들 없이 인간은 살 수가 없겠지요. 그러나 오직 인공적인 것, 문명에만 둘러싸여 가지고는 인간은 조만간에 질식하게 마련이라는 것 또한 엄연한 사실일 것입니다. 현대인에게 자연 회복이 절실히 요청되는 이유입니다. 이젠 더 이상 문명의 이름 아래 자연이 훼손되고 오염되는 일을 방치해선 안 될 줄 압니다. 자연 파괴란 다름 아닌 인간 파괴라는 사실을 똑바로 인식할 필요가 있습니다. 문명과 자연은 적대 관계에 있어야 할 까닭이 없는 거죠. 인간 본연의 삶이라는 것은 이 문명과 자연의 조화 속에서 인간이 인간답게, 즉 천·지·인 삼재의 하나다운 균형 감각을 유지해 가며 슬기롭고 평화롭게 풍요한 삶을 누려 가는 일이라고 생각합니다.

당대의 과제인 인간 회복은 우선 자연 회복을 통해 차츰 길이 열릴 것입니다. 바로 이런 관점이 제가 자연에 관심을 갖게 된 각별한 동기이기도 합니다. 자연에의 몰입이 시대착오적 현실 도피로 간주된다면 슬픈 일입니다. 오히려 그것은 시대의 문제에 적극 대결하는 비판적 선택이라 보아야 하겠지요. 어쨌거나 제게 자연은 아직 미지수입니다. 이제 겨우 눈뜨기 시작했을 뿐이니까요.

문 : 요즘 시단엔 각종 유파와 경향과 주장이 있다고 보는데요, 거기에 대해선 어떻게 생각하십니까?

답 : 글쎄요. 저는 시류에 따르려는 생각은 추호도 안 갖고 있습니다. 일찍이 가져 본 적도 없거니와 또 앞으로도 그러할 것입니다. 저는 지금까지 매우 다양하게 시를 써 왔지만, 그것은 다 자신의 개인적인 내적 필연의 소치였다고 자부하고 있습니다. 만약 다양한 변모 속에서도 그것을 하나로 꿰뚫는 일관성(=작가의 자기동일성), 그것이 결여되어 있다고 하면 무슨 의미가 있는 것일까요?

요컨대 저는 언제 어디서나 자기 추구에만 골몰해 왔습니다. 즉 시작(詩作)을 통한 자신의 실존과 자유의 극대화를 도모해 왔습니다. 제가 하기 싫은 일, 또 관심 밖의 일에 대해서는 가급적 타협을 거부해 왔습니다. 그런 완강한 고집에 따르는 온갖 불이익과 소외에 대해서는 얼마든지 초연할 수 있었어요. 유아독존의 오만불손으로 오해될 소지도 없지는 않겠지만, '최선의 비평가'는 내 안에 있다는 한 시인의 투철한 자각과 재능의 선용을 강화하기 위한 자위책으로 봐 주셔야 할 겁니다. 저는 앞으로도 제 자신이 간절히 쓰고만 싶다면 어떠한 시든 가리지 않고 쓸 겁니다. [1989년에 탈고해 1990년 시집 『북한산 진달래』 에 수록]

풍류도와 소나무

문 : 선생님의 시집 『소나무 만다라』(2005)를 보면 소나무가 풍류도의 가장 완벽한 상징이라든가, 운치 있는 노송 한 그루가 그대로 풍류도 사원이라든가 하는 표현이 나오는데, 선생님 기억을 새롭게 해 드리기 위해 이 자리에 예를 한둘 들어 보렵니다.

일찍이 최치원은
'나라에 현묘한 도가 있으니
풍류라 한다' 했다.
그 현묘한 풍류도 알려거든 이곳에 오라.
소수서원 솔밭 탈혼대에 올라서라.
시간 속에 있으면서 영원을 살고 있는
소나무들 관찰하라.
좀 떨어져서, 또는 아주 가까이 다가가서
우러러보고, 만져보고, 감탄하며
귀를 대어 볼 일. 소나무 몸통에.
풍류도는 살아 있다.
멋이 뚝뚝 떨어지는 신송(神松) 하나하나,
저마다 오묘하게 서 있는 그대로가

바로 풍류도 사원인 것이다. 「소수서원 솔밭 탈혼대에서」의 마지막 부분

낏낏한 솔잎들이 더불어 이룩한
초록의 수관은 그대로 청산이다.
이 나라의 나라나무 소나무 중에서도
가장 잘생긴 전형적 왕소나무,
늘 새롭게 다가오는 고전이다.
겨레혼의 진정성을 말없이 일깨우는
탈시간(脫時間)의 상징, 풍류도 사원이다. 「속리산 왕소나무」의 중간 부분

답 : 예, 시를 꼼꼼히 잘 읽으시네요. 아주 좋은 예를 드셨어요. 그런데 속리산의 왕소나무는 정이품 벼슬을 갖고 있는 소나무로서도 널리 알려진 한국의 대표적 소나무이겠는데 근래 태풍의 피해로 큰 가지가 부러져 나가는 등 옛날 모양새와는 딴판으로 달라진 몰골을 가지게 되었다니 가슴 아픈 일이 아닐 수 없습니다.

문 : 참 그렇군요. 그렇다 하더라도 선생님 시에서는 손상을 입지 않은 그 처음의 모양새일 테니 불행 중 다행이죠. 왜 선생님은 소나무를 풍류도의 완벽한 상징으로, 또는 풍류도 사원으로까지 보시는지 자세한 설명을 듣고 싶습니다.

답 : 우주 만물의 핵심을 이루고 있는 셋을 듣자면 천·지·인 삼재가 될 줄로 압니다. 저는 일찍이 '천·지·인 삼재의 균형과 조화, 그것이 풍류도'라 정의한 바 있거니와 그 삼재 중 가장 중요하고 문제 되는 것이 인간이라 여깁니다. 인간에게서 시간의 흐름과 역사의 변천 따라 문명과 문화가 나왔습니다. 그런데 천·지를 한마디로 자연이라 한다면, 인간·문명·문화를 문명 한마디로 대표시켜도 좋으리라 봅니다. 천·지·인 삼재의 균형과 조화, 즉 풍류도를 달리 말하자면 '자연과 문명의 균형과 조화'라고도 할 수 있을 것입니다. 자연과 문명의 균형과 조화라! 그러고 보니 풍류도란 개념이 현대인하고 거리가 멀다거나 케케묵은 구시대의 이야기가 아닙니다. 바로 우리가 몸담고 있는 이제 여기의 절실한 문제란 걸 알게 되지요.

흔히 우리는 현대를 가리켜서 인간성 상실의 시대, 영성 고갈의 시대라 말합니다. 과학기술의 놀라운 신장으로 물질문명이 고도의 발달을 이룩한 데 비해서 인간의 정신과 영성은 위축하여 심한 불균형을 이루고 있는 것이 실상이니까요. 속도와 기계와 대량생산과 능률 편중에 압도되어 정신을 못 차리는 인간은 차츰 괴물스럽게 기형화되어 가고 있는지도 모릅니다.

인간이 위축된 인간성을 회복하여 다시 인간답게 살아가기 위해서는 자연 존중과 친화를 통해 생기와 유연성을 회복해야 하리라 봅니다. <자연은 사람 보호, 사람은 자연 보호> 이런 좋은 표어가 말해 주듯 자연과 인간은 서로 의지하여 친화하는 가운데 배우고 연구하고 터득해야 할 일들이 무궁무진 산적해 있거든요. 원래 천·지·인 삼재는 하나의 기로 꿰뚫려 있으므로 부모 형제간이나 다름이 없습니다. 자식이 부모에게 대들거나 형제들이 서로 분쟁하는 것은 금물이죠. 때문에 인간은 자연과의 균형과 조화를 깨지 않는 한도 내에서 문명의 지속적 발전을 도모해야 합니다.

  어떻게 하면 인간과 자연이 상부상조하며 공존공영을 누릴 수 있는가? 그 성패는 전적으로 인간에게 달려 있습니다. 인간이 인간답지 못하게 되면 인간 자신만 타락할 뿐 아니라 자연의 질서도 깨지게 마련이죠. 인간성과 자연이 아울러 황폐한데 어디서 풍류를 구가할 수 있겠습니까? 인간의 철부지 과욕에 기인하는 자연 오염과 자연 파괴는 곧 인간 오염과 인간 파괴에 직결해 있음은 아무리 강조해도 지나치지 않습니다. 사람이 정말 하늘·땅과 맞먹는 위상을 견지하며 삼재의 균형과 조화를 누리자면 참된 인간이 되어야 합니다. 풍류도인이 되어야 합니다. 모든 인간사가 다 그러하듯이 바로 그 점에 풍류도의 한계와 문제가 있습니다.

  문 : 알겠습니다. 선생님께선 이제 이야기를 본격적으로 개진하기 직전에 다다르신 것 같습니다. 천·지·인 삼재의 균형과 조화가 풍류도라 하셨는데 천·지·인 삼재 중 문제인 인[사람]을 잠시 접어두고 그 자리에 소나무를 갖다 놓는다면 어떻게 되겠는가? 그렇게 되면 풍류도의 이상은 온전히 구현되어 비판의 여지가 없게 된다는 말씀을 하시려고

하는 것 아닌지요?

답 : 맞습니다. 족집게처럼 저의 속내를 뽑아내시네요. 풍류도와 소나무. 이제부턴 이야기가 좀 더 수월하게 풀릴 것 같습니다. 차 한 잔 드시고, 자리를 옮긴 다음 다시 이야기를 계속하죠.

[두 사람은 시인의 거처인 호일당(好日堂)8)에서 걸어서 십 분여 거리에 있는 '솔밭 공원'으로 자리를 이동한다.]

문 : 벌써 저만치 솔밭이 보이네요. 아주 오래된 소나무들은 아닌 것 같은데, 모두 몇 그루나 됩니까?

답 : 천 그루쯤 될 거라 하더군요. 수령은 대충 백년 안팎일 거라고 하는데 구청에서 공들여 가꾸고 있어 주민에게 쾌적한 녹지 공간을 제공하고 있습니다. 백년만 키워도 제법 늘씬한 장송림을 이루고 있으니 앞으로 다시 백년이 지나면 얼마나 더 울창해질 것인가?
저는 이 솔밭에 들어와서 어슬렁 걷노라면 어느덧 머릿속이 가을하늘처럼 맑아지는 것을 깨닫곤 합니다. 마음의 고향에 들어선 것 같습니다. 잡념은 사라지고 마음은 한없이 고요해집니다. 벤치에 앉아서 깊은 상념에 또는 소나무 화두에 잠기곤 합니다.

---
8) 호일당(好日堂) : 박희진 시인 자택의 이름. 1986년 쌍문동 '우이빌라'로 이사해 '북한산 시대'를 시작한 시인은 새 거처에 이 당호를 붙였고, 2009년 다시 옮겨 생애 마지막 6년을 보낸 우이동 '초원아트빌'의 거처 역시 같은 이름으로 불렀다. [편집자]

인간에겐 육체와 영성이 있듯이 소나무에게도 육체와 영성이 있다고 봅니다. 특히 소나무는 나무 중의 귀공자랄까 아주 수승한 영성을 지닌 영물입니다. 왜 소나무에겐 여느 나무와는 비교를 불허하는 높은 격과 운치가 있는가? 왜 거송이나 신송(神松) 앞에서는 모자를 벗고 옷깃을 여미거나 큰절을 올리고 싶은가? 사방팔방으로 가지를 뻗은 우람한 노송의 멋진 자태가 풍기는 분위기엔 어떤 영기가 떠돌고 있습니다. 땅속에선 뿌리를 통해 지기를 끌어 올리고 지상에선 우듬지의 낏낏한 솔잎들이 하늘의 맑은 천기를 끌어 내려 소나무 자체의 솔기운과 하나 되면 소나무 독특한 솔빛과 솔향을 한껏 뿜어내어 그것을 볼 줄 아는 사람의 눈엔 어떤 신비스러운 영기로 비치게 됩니다. 어떤 초절적인 기운이 생동하는 신들린 소나무로. 그런 소나무는 그 그늘에조차 엷은 보랏빛 신운이 감돕니다. 그런 소나무는 사람이 눈을 가지고 있듯이 어떤 영묘한 눈을 가지고 있는 것 같아요. 제가 맑은 심성의 눈으로 유심히 소나무를 보고 또 보노라면, 그때 소나무도 저를 보고 있는 것 같거든요. 소나무의 눈은 꼭 어느 부위에 있다고 단정할 순 없으나, 제가 소나무를 보는 눈의 위치에 따라 밑동이건 줄기건 우듬지건 자유롭게 이동하는 것 같습니다. 말하자면, 소나무는 온몸이 그대로 눈이죠. 곧 송안(松眼)이죠.

저와 소나무는 서로 소통하고 있다고 생각합니다. 저는 소나무의 지기이고, 소나무는 저의 지기인 것 같습니다. 우리는 서로 사랑하고 있기에 아무리 자주 만나고 헤어져도 그것을 단순히 같은 동작의 되풀이라곤 생각하지 않습니다. 만날 때엔 언제나 마치 처음으로 만나는 것과 같고 헤어질 때엔 마치 처음으로 헤어지는 것과 같은 느낌인 것입니다. 서로 싫증을 내 본 적이 없습니다. 늘 새롭고 반갑고 기쁘고 신비스럽고 고마울 따름이죠. 아마 이런 것이 영통(靈通)이요 영교(靈交)가 아닐까요?

문 : 선생님의 이야기가 재미있긴 합니다만 좀 어렵습니다. 선생님의 독특한 소나무 사랑 이야기는 이쯤 해 두고 이제 '풍류도와 소나무'란 화제의 핵심으로 진입하시는 것이 어떻겠습니까?

답 : 미안합니다. 두서없이 이야기를 하다 보면 자신도 모르게 옆길로 일탈하는 경우가 많아요.

저는 요즘 누가 '풍류도란 무엇인가?' 또는 '사람은 어떻게 살아야 하는가?' 하고 물을 땐 흔히 이렇게 대답하곤 합니다. "소나무를 잘 관찰하세요. 소나무에 관심과 사랑을 갖고 보고 또 보십시오. 소나무에게는 배울 만한 미덕이 참으로 많습니다. 하여 마침내 소나무를 본떠서 살고 싶다는 생각이 들 때까지 소나무를 보십시오. 그러면 풍류도란 무엇인가 하는 것도 절로 터득하게 될 겁니다."

이제부터는 다음 네 가지 소제목 순서대로 이야기하렵니다.

1. 소나무는 왜 태어났는가?
2. 소나무답게 산다는 것은?

3. '홀로 소나무'와 '더불어 소나무'

4. 대긍정(大肯定)과 찬미의 화신

1. 소나무는 왜 태어났는가?

　세상에 존재하는 모든 생명이 다 그렇듯이, 그것은 살기 위해서입니다. 단 언제 어디에서 어떻게 태어났는가? 그것은 물론 소나무의 자유로운 선택이 아닙니다. 운명의 손길에 맡길 수밖엔 없는 것이지요. 운명엔 순종하되 그 다음 순간부터가 문제 아닙니까? 다행히 소나무에겐 왕성한 생명력이 부여되어 있습니다. 그걸 잘 키워서 소나무답게 성숙하도록 개성과 능력을 최대한 발휘하여 자기완성을 실현하는 것이 소나무의 사명인 것입니다. 이 운명과 사명의 일치를 향해 죽을 때까지 자유롭고 무탈하게 풍성한 생명을 누리고 싶다는 것이 모든 소나무의 소망일 줄 압니다.

2. 소나무답게 산다는 것은?

　소나무의 몇 가지 특성을 생각나는 대로 들어보겠습니다.

　소나무에겐 강인한 의지와 생명력이 있습니다. 단단한 바위에도 뿌리를 내립니다. 엄동설한에도 굴하지 않는 상록의 절개와 지조가 있습니다. 저 낭떠러지에 뿌리박은 낙락장송을 보십시오. 그 가지 뻗음새의 절묘함 더불어 뚝뚝 떨어지는 운치는 그야말로 천하일품이죠.

　나무 중에서도 가장 오래 사는 나무가 바로 소나무입니다. 미국 캘

리포니아 주엔 수령이 무려 사천팔백 년이나 된 소나무도 있답니다. 한국의 소나무 중에 천년송이 몇 그루 있을지는 몰라도 아마 오륙백 살 정도의 소나무가 최고령에 속하지 않을까 싶군요. 어쨌거나 그만하면 소나무는 놀라울 만큼 장수하는 상서로운 나무라 하겠습니다. 그러기에 예부터 소나무는 십장생의 하나였지 않습니까? 장수와 길상, 지조와 절개, 또는 탈속과 풍류의 상징으로서 소나무가 한국인의 각별한 숭상과 사랑을 받아 왔다는 것은 유사 이래의 사실입니다.

소나무는 실용적인 면에서도 한국인에겐 아주 요긴한 목재였습니다. 소나무가 없었다면 궁궐을 지을 수도 거북선을 만들 수도 없었을 겁니다. 뿐만 아니라 서민의 생활 속에 깊숙이 침투했던 소나무의 쓰임새는 가구를 비롯해서 각종 식품이나 시체를 넣는 관으로까지, 온돌의 땔감으로까지 구석구석 미쳤음을 알 수 있습니다. 소나무는 그야말로 인간을 위해서는 온몸을 몽땅 바쳤다고 봅니다. 소신공양의 보살인 셈입니다.

문화예술에 끼친 영향은? 세속을 떠나 자연으로 나아갔던, 즉 탈속과 풍류를 지향했던 한국의 시인, 철인, 선비, 승려, 화가, 서예가, 도예가, 사진가 등 사상가나 예술가들의 심미안에 소나무가 얼마나 고결하고 품위 있는, 빼어난 나무로 비쳤을지는 불문가지 아니겠습니까? 그들이 남긴 수많은 시문과 산수화, 도자기, 금속 공예품, 목공예품 등을 보면 거기 어김없이 소나무 이미지가 갖가지 상징으로, 장식 문양으로 등장하고 있음을 보니까요. 한국 문화는 한마디로 소나무 문화라 해도 과언이 아닙니다. 실로 소나무는 한국인의 가장 친근한 벗이자 위대한 스승이었던 것입니다.

이상 약술한 특성들을 발휘하며 장수를 누리다 가는 것이 소나무가 한껏 소나무답게 살다 가는 일이라 봅니다. 달리 말하자면 그것이 소나무의 운명과 사명의 일치인 것입니다.

3. '홀로 소나무'와 '더불어 소나무'

천연기념물로 지정된 소나무가 남한에만도 수십 그루 있는 걸로 알고 있습니다. 그런데 가보면 거의 대부분이 독송(獨松), 즉 '홀로 소나무'라는 점이 눈길을 끕니다. 왜 주변엔 나무가 없을까요? 설사 있다 해도 아직은 어리거나 보잘 것 없는 나무들뿐입니다. 하여 천연기념물은 '홀로 소나무'일 수밖에 없더군요.

하지만 그 거목이 갖고 있는 위풍당당함, 우람한 몸통이며 사방팔방으로 자유롭게 벋어나간 가지 뻗음새의 절묘함이라든지, 칠칠하고 끗끗한 솔잎들을 보면, 그리고 건강하게 드러나 있는 솔껍질 모양새 - 거북등의 마름모꼴, 또는 용비늘 모양, 또는 그저 길쭉길쭉한 장방형 모양 등의 솔껍질 문양들이 아주 선명하게 밑동에서 우듬지까지 꽉 차 있는 모습을 보면 절로 탄성이 나오게 마련이죠. "야, 다르구나! 모든 점에서 명품송(名品松)은 역시 다르구나! 나무 전체에서 풍겨 오는 이 분위기, 신운생동(神韻生動)의 이 엄청난 기운을 뭐라고 표현할까? 이 왕성한 생명력의 신비! 높은 격과 뚝뚝 떨어지는 보랏빛 운치라니!" 가까이 다가가서 그 튼실한 줄기를 만져 보고 귀를 갖다 댑니다. 때로는 우렁우렁 우르르 우르르…… 마치 저 밤하늘 은하수가 일제히 지상으로 흘러 떨어지는 듯한 소리가 들립니다. 그것은 바로 그 명품송의 온몸을 흐르는 수액이 내는 소리가 아닐까요? 다음엔 고개를 들고 나무 위를 이모저모 유심히 살펴봅니다. "웬 가지들이 저렇게 많은가? 무수한 굵고 가는 곁가지 잔가지들의 기기묘묘한 뻗음새를 좇노라니 밖에선 안 보이던 소나무의 내면세계, 그 얼개를 보는 듯하다. 과연 소나무는 공간 구성의 천재임에 틀림없네!" 이렇듯 탄성은 꼬리를 물고 일어나게 된답니다.

  저는 전에 성인 한 사람이 지상에 출현하기 위해서는 온 우주의 협력이 필요하다고 말한 바 있지만, 이 말은 오히려 명품송의 경우 더욱 적절히 들어맞는 말이 되죠. 한 그루의 명품송이 완성되기 위해서는 온 우주의 협력이 필요하다! 그래서 저는 소나무를 우주수(宇宙樹)라 생각하는 것입니다. 대지에 뿌리 내린 한 그루 소나무는 해와 달, 별들이 숨 쉬고 있는 대우주 공간에 온전히 노출되어 있다고 봅니다. 해와 달, 별들과 소나무에는 사이(간격)가 없습니다. 직접 소통되고 있다는 뜻입니다. 별빛은 즉시 솔잎을 적시고, 예리한 솔잎은 때로 달을 아프지 않게 찌르기도 하죠. 안개와 눈, 서리는 소나무의 온몸을 구석구석 애무하고 부드럽게 감쌉니다. 아주 따가운 여름 햇살이 솔잎에 쏟아지면 솔잎은 홀연 백금빛 찬란한 바늘잎이 됩니다. 시원한 바람이 파도처럼 밀려오면 소나무는 그윽한 거문고 소릴 내죠. 이렇듯 소나무는 천지만물과 더불어 조응하며 춤추고 노래하고 있는 것입니다. 하늘, 땅, 소나무가 하나의 기로 꿰뚫려 있음을 알 만합니다.

다음엔 제가 「십장생신명가(十長生神明歌)」라는 졸시를 한 편 낭송해 드리려고 합니다. 이 시를 들으면 왜 소나무를 우주수라 하는지 쉽게 이해하고 공명하여 주시리라 믿습니다.

십장생신명가

우주의 중심에 소나무가 있나니.
해와 달을 번갈아 떠올리며 노나니.
비 바람 눈 서리로 목욕을 하나니.
바닷물은 발치에 찰랑이게 하나니.
산들은 목을 빼어 엿보게 하나니.
때로 심심하면 학을 부르나니.
신명나게 거문고 가락을 타나니.
학은 가락 따라 무애춤 추나니.
흰 구름도 모여들어 어우러지나니.
대나무도 우줄우줄 어깻짓하나니.
바위도 덩달아 흥이 이나니.
불로초도 가만가만 발돋움하나니.
폭포는 쉴 새 없이 떨어져 흐르나니.

바다에선 거북이가 기어 나오나니.

산에선 사슴이 뛰어 나오나니.

무르익은 천도가 툭 떨어지나니.

우주의 중심에 소나무가 있나니.

이젠 '더불어 소나무'에 대해서 말할 차례지요. '더불어 소나무'란 소나무가 수백 내지 수천 그루 모여 있는 군락지를 말합니다. 예컨대 안면도의 안면적송숲이라든가, 소수서원 앞 솔밭이라든가, 통도사나 운문사의 소나무 진입로라든가, 삼척의 준경묘 일대라든가, 울진 소광리의 금강송숲 등이 떠오르는군요.

그중 여기서는 소광리의 금강송숲에 대해 말씀해 보렵니다. 허리가 꼿꼿이 죽죽 뻗어 있는, 그것도 실히 삼십 미터 내외는 되는 장송 숲을 보았을 때 저는 그야말로 깜짝 놀랐지요. 어안이 벙벙해져 한동안 말도 못했습니다. 원, 세상에, 이런 장송 숲이 이 땅에 있을 줄이야! 저는 그때까지 소나무라면 내륙의 소나무가 대부분 그러하듯 그저 허리가 구부정하면서도 격과 운치가 걸출한 나무만 알아 왔거든요. 소나무에 대한 인식이 이때부터 달라지게 된 겁니다. 한국의 소나무엔 서로 다른 유전자가 둘 있다고 봐야 하지 않을까? 하나는 금강송의 죽죽 뻗은 경우이고 다른 하나는 허리 구부정한 내륙의 소나무들이라고. 금강송을 접하지 못한 대부분의 한국인 뇌리에는 후자가 주로 소나무의 전형으로 각인되어 있겠지만.

아무튼 소광리 금강송숲은 제게 여러 가지로 새로운 상념을 안겨 주었습니다. '우선 소광리(召光里)라는 지명에 대해서. 부를 소 자에 빛 광 자라! 빛을 불러 모으는 마을이라니, 누가 빛을 불러 모은단 말인가? 그야 불문가지 금강송숲 아니겠나? 원래 소나무는 어느 나무보다도 빛과 고요를 좋아하는 나무다. 수십 수백 그루 금강송들이 일제히 하늘을 향해 직립해 있는 모습, 그것은 필시 기도를 드리고 있는 게 아닐까? 엄숙할 만큼 본래청정의 빛과 고요, 평화, 질서가 느껴진다. 그래서 솔숲은 한결 성스러운 분위기로 충만해 있는 거다.'

여기에 대해서는 제가 그 뒤에 사행시 한 편을 쓴 바 있기에 그걸 소개해 드리고 싶군요. 제목이 「강송(剛松) 17자시」인데 강송이란 금강송을 달리 부르는 말입니다.

하늘 부름에 온몸이 귀 되는 솔 금강송 보라
햇살과 고요 솔만큼 좋아할까 어떤 나무가
강송 본뜨세 오로지 상승일로 순수지속을
솔이 내개 준 최고의 메시지는 맑고 시원함

금강송은 단연 빼어난 멋진 소나무이기는 하지만 그것이 단독으로 있을 때보다는 군락을 이룰 때 더욱 장관이 된다고 봅니다. 한국의 소나무를 말할 때 금강송을 뺀다면 말이 안 되지요. 반쪽만 보고 말하는 게 되니까요. 저는 소광리 금강송숲을 진심으로 한국의 소나무 성역이라 찬미합니다. 적어도 이 땅의 소나무 애호가들이라면 평생에 한 번쯤은 꼭 가봐야 한다고 말입니다.

4. 대긍정과 찬미의 화신

소나무는 참으로 다양한 자세를 가지고 있습니다. 가장 흔히 보는 일반적 자세는 서 있는 것이지만, 드물게나마 앉아 있기도 하고, 누워 있기도 하고, 거의 구십 도로 기울은 자세를 취하기도 하고, 온몸을 꿈틀꿈틀 용틀임하는 자세도 있습니다. 그 어떤 자세를 취하건 건 간에 별로 불안한 느낌은 안 줍니다. 소나무 자신이 나름대로 중심을 잡고 있거니와 주변의 풍경과도 그런대로 조화를 이루고 있습니다. 그만큼 소나무는 자기 긍정적이며 대단한 친화력을 가지고 있는 나무인 것입니다.

특히 '더불어 소나무들'의 경우 그 친화력은 절정에 달합니다. 저는 몇 해 전 예천 금당실 송림을 가 본 적이 있습니다. 이삼백 년은 실히 되는 노송들이 군락을 이루고 있는데 장관이더군요. 허리 꼿꼿한 장송들의 무리인 소광리 금강송 군락과는 별취의, 허리 구부정한 우람한 노송들의 군락이었어요.

한 그루, 한 그루를 떼어놓고 보면 자기 충족적인 '홀로 욍국'의 위의를 갖추고 있었습니다. 하지만 그 솔숲의 전체상은 상호 신뢰와 존중 가운데 혈연으로 맺어진 운명 공동체, 생명 공동체의 느낌을 주더군요. 그러면서도 아주 개방된, 자유가 구가되는 복락과 희망과 꿈이 서려 있는 낙원이었습니다. 저는 신이 나서 그 울창한 솔숲 사이를 거닐고 있었지요. 그러자 무슨 발견이라도 한 듯 문득 이런 생각이 났습니다. 소나무들은 한 그루, 한 그루가 모두 예외 없이 멋진 춤을 추고 있다고! 지금 이곳에서 살아 있다는 것이 너무도 흡족하고 기쁘고 고마워서 소나무들은 도무지 가만히 있을 수가 없는 모양이었습니다.

우리는 춤에도 별의별 춤이 있다는 걸 압니다. 기뻐서 깡충깡충 뛰는 춤도 있거니와 미쳐서 날뛰듯 추는 춤도 있습니다. 그러나 방금 말한 소나무춤은 그런 저급의 야한 춤과는 거리가 멉니다. 아주 고차원의 고결한 기품과 향기가 나는 춤. 고요 속에 움직임이, 움직임 속에 고요가 있는 춤. 안에서 새록새록 솟구치는 희열을 온몸의 구석구석에 삼투시키면서 별까지 들리는 영묘한 노래를 부르는 춤. 황홀과 도취의 춤. 처음도 없고 끝도 없는 춤. 한결같으면서도 천변만화하는, 시시각각 천변만화하면서도 한결같은 춤사위를 견지하는 춤. 소나무는 그런 춤을 평생 지속하고 있는 것입니다. 이 얼마나 놀라운 일입니까? 그 뒤부터 저는 일가풍(一家風)을 이룬 성숙한 소나무는 늘 춤을 추고 있다고 생각합니다.

소나무는 자신뿐 아니라 자신을 둘러싼 삼라만상을 긍정하고 있습니다. 만상이 있기에 자신이 있고 자신이 있기에 만상이 있다고, 만상과 자신은 둘이 아니라고 여기는 거죠. 자신과 만상은 서로 조응하며 상부상조하는 관계에 있다고 믿는 것입니다. 서로 믿어 의심치 않고 공경하며 산다면, 그것보다 더 아름답고 좋은 삶이 있을까 싶습니다. 거듭 말하지만 지금 이곳에서 살아 있다는 것이 너무도 흡족하고 기쁘고 고마워서 소나무들은 가만히 있을 수가 없는 것입니다. 그래서 춤추고 노래를 부르지 않을 수 없는 거죠.

춤과 노래는 대긍정과 찬미의 삶에서 저절로 우러나오는 것입니다. 대긍정과 찬미의 삶. 그것이 바로 풍류도 아닙니까? 저는 그런 의미에서 소나무를 풍류도의 가장 완벽한 상징이라 말했던 것입니다.

문 : 선생님의 긴 이야기, 너무도 감명 깊게 잘 들었습니다. 고맙습니다. 이왕이면 소나무를 풍류도 사원이라고 말씀하신 뜻도 설명해 주시지요.

답 : 그럼 재미있는 이야기부터 하나 해야겠습니다. 제가 이 솔밭 벤치에 홀로 묵묵히 앉아 있노라면 더러 말을 걸어오는 사람이 있습니다. 그중엔 열성적인 전도 부인도 있어 신을 믿으라는 둥 교회에 나오라는 둥 권유하기도 합니다. 그러면 저는 대개 이렇게 잘라 말합니다. "저는 교회에 나갈 시간이 없습니다. 시간이 있다면 책을 읽거나 글을 쓰거나 아니면 이곳 솔밭으로 산책을 나와야 하기 때문이죠. 이 솔밭이 제게는 사실상 신성한 교회나 다름이 없습니다." 그런 분들은 그만 어이가 없다는 듯 슬그머니 자리를 피하고 맙니다.

저에게 솔밭은 그대로 하나의 구원입니다. 일상의 스트레스, 울적에서의 해방인 셈이지요. 솔밭에 들어서면 소나무들은 저마다 독특한, 아름답기 그지없는 가지 뻗음새를 펼쳐 보입니다. 그동안 수없이 보았을 터인데도, 저는 마치 처음으로 보는 것 같은 신선한 놀라움과 감동을 되새기게 됩니다. 그런 때 저는 그 한 그루, 한 그루의 소나무를 풍류도 사원으로 여기는 것입니다. 그 사원은 뜻만 있으면 아무나 마음 놓고 무상출입할 수 있는 곳입니다. 한 소나무에 시선을 멈춘 채 깊은 명상에 잠겨도 좋습니다. 또는 저처럼 소나무에 각별한 관심이 있는 분은 소나무 화두나 미학을 탐색해도 좋겠지요. 호일당 근처에 이런 솔밭이 있다는 것을 저는 얼마나 고맙게 여기고 있는지 모릅니다. [2012년 간행된 『소나무 수필집』에 수록]

시인 연보 및 작품집 목록

1931년   12월 4일(음력 10월 25일) 경기도 연천에서 박염하(朴濂夏)와 이군자(李君子)의 7남매 중 여섯째(셋째아들)로 태어나다. 초등학교 1학년 때 서울로 전학하다.

1947년   정지용이 논설주간으로 있던 경향신문 2월 26일자 투고 작품란에 실린 만 15세 박희진 소년의 「그의 시」가 그 표현과 사유의 조숙함으로 문단에 큰 화제를 불러일으키다. 나중에 비평가 김동석이 이 작품을 자의적으로 해석하여 쓴 비평서를 냄으로써 또 한 번 문단의 화제가 되기도 했다.

1955년   3월 보성 중학교(6년제)를 거쳐 고려 대학교 영문학과를 졸업하다. 보성 중학교 고학년 때부터 시인 성찬경, 소설가 서기원과 친교를 맺다. 이 해에 이한직·조지훈의 추천으로 '문학예술'지를 통해 문단에 나오다.

1959년   라빈드라나드 타고르의 시집 『기탄잘리』를 번역하여 양문문고에서 출간하다. (이후 20여 년 동안 절판 상태에 있던 이 시집은 1982년 홍성사에서 수정판을 내 22쇄까지 찍었으며, 2002년부터는 현암사에서 내다가, 2015년 1월 서정시학에서 최종 수정판을 내었다.)

1960년   11월 첫 시집 『실내악』을 사상계사에서 5백 부 한정판으로 간

	행하다. 같은 해 4월 동성 중고등학교 영어 교사로 취임하여 이후 1983년 12월까지 23년간 근속하다.
1961년	9월 시 동인지 『육십년대사화집』을 출범시켜 1967년 종간호 (제12집)가 나올 때까지 주도적으로 이끌다. 『육십년대사화집』 은 당대 한국 문학계에 새로운 지성적 바람을 불러 일으켰으 며, 이후 여러 문학 동인지가 나오게 하는 기폭제가 되었다. 한동안 한국 문학사상 최장수 동인지로 기록되기도 했다.
1965년	9월 제2시집 『청동시대』를 모음출판사에서 간행하다. 그 기념 으로 신문회관 강당에서 '박희진 자작시 낭독의 밤'을 열다.
1968년	5월 신문회관 화랑에서 '박희진 시미전(詩美展)'을 열다.
1970년	4월 매주 화요일 저녁 4회에 걸쳐 명동의 까페 떼아뜨르에서 '박희진 성찬경 2인 시낭독회'를 열다. 연출가 김정옥(훗날 대 한민국예술원 회장)이 연출을 맡다. 11월 제3시집 『미소하는 침묵』을 현대문학사에서 간행하다. 같은 해 부모님, 형님 가 족들과 대가족으로 살던 서울시 성북구 하월곡동 88-173 단 독주택에서 서울시 성북구 안암동 4가 23-3 안암 맨션아파트 309호로 이사해 독립생활을 시작하다.
1975년	미국 아이오와 대학교 '국제 창작계획' 4개월 과정을 마친 다음 프랑스, 영국, 이탈리아, 일본을 순방하고 이듬해에 귀국하다.
1976년	9월 제4시집 『빛과 어둠의 사이』를 조광출판사에서 간행하다. 이 시집으로 제11회 월탄 문학상을 받다.

1979년 4월 구상·성찬경과 함께 '공간시낭독회'를 창립하여 2015년 3월 별세할 때까지 상임 시인으로 참여해 오다. 12월 제5시집인 민요시집 『서울의 하늘 아래』를 문학예술사에서 간행하다.

1982년 5월 제6시집 『사행시 백삼십사편』을 삼일당에서 간행하다. 10월 제7시집 『가슴속의 시냇물』을 홍성사에서 간행하다. 12월 오랫동안 절판되었던 타고르 시집 『기탄잘리』를 개역하여 홍성사에서 간행하다.

1983년 12월 23년간 근속해 온 동성 중고등학교를 사임하고 이후 집필 생활에만 전념하다.

1984년 약 1개월간 인도를 여행하고 스리랑카와 태국을 둘러본 후 귀국하다. 또 프랑스, 이탈리아, 요르단, 인도를 여행하다.

1985년 8월 제8시집 『아이오와에서 꿈에』를 오상사에서 간행하다. 11월 제9시집 『라일락 속의 연인들』을 정음사에서 간행하다. 12월 제10시집 『시인아 너는 선지자 되라』를 민족문화사에서 간행하다.

1986년 5월 16년 동안 살던 서울시 성북구 안암동 4가 23-3 안암 맨션아파트 309호에서 서울시 도봉구 쌍문1동 524-87 우이빌라 3동 303호로 이사하다. 12월 첫 시 선집 『꿈꾸는 빛바다』를 고려원에서 간행하다.

1987년 9월 둘째 시 선집 『바다 만세 바다』를 문학사상사에서 간행하다. 같은 달 창무회(創舞會) 특별 기획 '시와 무용의 만남'의 하나로 시 「메아리 애가」에 임현선이 안무하여 '창무춤터'에서 3일간 공연하다.

1988년 시 「지리산시초(智異山詩抄)」로 제8회 현대시학 작품상을 받다. 1월 아시아 시인 회의 대중(臺中) 대회 참석차 대만을 다녀오다. 5월 제11시집 『산화가(散花歌)』를 불일출판사에서 간행하다. 11월 창무회 특별 기획 '춤과 미술과 시의 만남'의 하나로 장시 「빛과 어둠의 사이」에 이애현이 안무하여 '창무춤터'에서 3일간 공연하다.

1989년 3월 호암 아트홀에서 열린 재미 무용가 아이리스 박의 공연에 초청돼 아이리스 박이 춤추고 있는 무대를 종횡으로 누비면서 자신이 번역한 타고르의 『기탄잘리』에 나오는 시 10여 편을 낭독하다.

1990년 6월 첫 수필집 『투명한 기쁨』을 도서출판 산방에서 간행하다. 12월 제12시집 『북한산 진달래』를 같은 출판사에서 간행하다.

1991년 제12시집 『북한산 진달래』로 제23회 한국시인협회상을 받다. 7월 상해(上海), 장춘(長春), 연길(延吉), 용정(龍井), 북경(北京), 서안(西安), 계림(桂林), 광주(廣州), 항주(杭州), 소주(蘇州) 등 중국 10여 개 도시를 여행하다. 이때 처음으로 백두산에 오르다. 11월 제13시집 『사행시 삼백수』를 도서출판 토방에서 간행하고, 연거푸 화가 이호중의 협력으로 시화집 『소나무에 관하여』를 도서출판 다스림에서, 첫 시집 『실내악』의 재판을 도서출판 하락도서에서, 시 선집『한 방울의 만남』을 미래사에서, 둘째 수필집『서울의 로빈슨 크루소』를 도서출판 책세상에서 간행하다.

1992년   7월 모스크바에서 열린 민족문학 발전을 위한 국제 학술회의에 참석하여 동포 문인들과 교류하고, 특별 시낭독회에 초청되어 많은 해외 동포 앞에서 시를 낭독하다. 이어 러시아, 카자흐스탄, 헝가리, 체코슬로바키아, 독일을 여행하다.

1993년   '우이동 시낭송회'에 상임 시인으로 참여하기 시작하다. 10월 제14시집『연꽃 속의 부처님』을 도서출판 만다라에서 간행하다. 11월 미국 서부를 여행하다.

1994년   우리나라 명산고찰을 탐방하기 시작하다. 이후 3년 동안 전국의 220여 사찰을 방문하여 250여 편의 사찰시(寺刹詩)를 쓰다.

1995년   12월 제15시집『몰운대의 소나무』를 시와 시학에서 간행하다.

1997년   4월 하순부터 1개월간 제주도 성읍에 있는 사진가 강태길의 자택에 혼자 머물며 제주도의 풍광 속을 누비다. 이때 사진가 김영갑이 교통편 제공 등 각종 수발을 들어 주다. 9월 제16시집『1행시 7백수』를 예문관에서 간행하다. 10월 제17시집『문화재, 아아 우리 문화재!』를 효형출판에서 간행하다. 이 해 후반부터 시인 이생진과 동행하여 섬을 찾기 시작하다. 사진가 김영갑과 함께 시화집『삽시간에 붙잡힌 한라산의 황홀』을 도서출판 하날오름에서 간행하다.

1999년　5월 제18시집 『백사백경(百寺百景)』을 불광출판부에서 간행하다. 10월 문화의 날에 대한민국 정부로부터 보관 문화훈장을 받다. 12월 제19시집 『화랑영가(花郎靈歌)』와 제20시집 『동강 12경』을 수문출판사에서 간행하다.

2000년　3월 카트만두에 거주하는 시인 김홍성의 초대로 최동락, 문병옥과 동행하여 1개월간 네팔을 여행하다. 5월 제15회 상화(尙火) 시인상을 받다. 6월 두 번째로 중국에 가 상해, 계림 등지를 둘러보다. 12월 제21시집 『하늘·땅·사람』을 수문출판사에서 간행하다. 12월부터 이생진과 둘이서 인사동 '아트사이드'에서 월례 '인사동 아트사이드 시낭송회'를 시작하다.

2001년　12월 제22시집 『박희진 세계기행시집』을 도서출판 시와 진실에서 간행하다.

2002년　1월 타고르 시집 『기탄잘리』의 두 번째 개정판을 현암사에서 간행하다. 5월 절판 되었던 제14시집 『연꽃 속의 부처님』을 도서출판 시와 진실에서 재출간하다. 6월 29일 성균관대학교 퇴계인문관에서 열린 한국철학연구소 제4회 학술 문화 강좌에서 '풍류도에 대한 시적 이해'를 주제로 학술강연을 하다. 8월 중국 산동성 제남(齊南), 곡부(曲阜) 등지를 둘러보다. 11월 제23시집 『사행시 사백수』를 도서출판 시와 진실에서 간행하다. 연말에서 이듬해 연초에 걸쳐 이집트, 그리스를 여행하다.

2003년　1월 '인사동 아트사이드 시낭송회' 장소를 '시인학교'로 옮기고 명칭을 '인사동 시낭송회'로 바꾸다. 6월 25일 '문학의 집. 서울'에서 열린 제32회 수요 문학 강좌에서 '혼돈과 창조 - 내 문학의 뿌리'를 발표하다. 7월 제24시집 『1행시 960수와 17자시 730수·기타』를 도서출판 시와 진실에서 간행하다. 8월 일본의 아름다운 숲 탐방차 아카사와 자연휴양림과 교토 기타야마의 삼나무 숲을 둘러보다. 이때 고찰 광륭사(廣隆寺)와 법륭사(法隆寺)도 방문하다.

2004년 3월 절판되었던 시화집 『소나무에 관하여』에 논설 '소나무를 한국의 나라나무로'를 추가하여 『내 사랑 소나무』란 이름으로 도서출판 솔숲에서 재출간하다. 8월 중국 상해를 거쳐 무이산(武夷山)을 찾아 주자(朱子) 묘소를 방문하다. 이어서 같은 달에 중국 청도(靑島) 대학에서 개최한 한중 현대시 세미나 및 시낭송회에 참가하다. 9월 박희진 시 전집 1권인 『초기시집』을 도서출판 시와 진실에서 간행하다. 10월 『초기시집』 출판기념회를 종로구 수송동의 '쟈콥'에서 열다. 제25시집 『꿈꾸는 탐라섬』을 도서출판 시와 진실에서 간행하다.

2005년 3월 3일 프레스센터 기자회견실에서 열린 '죽어 가는 소나무를 살리기 위한 긴급동의'('솔바람 모임' 주최)에 발기자 및 동의 제출자로 참여하다. 5월 금강산을 관광하다. 7월 박희진 시 전집 2권인 『중기시집』을 도서출판 시와 진실에서 간행하다. 8월 포르투갈, 모로코, 스페인을 여행하다. 9월 제26시집

　　　　　『소나무 만다라』를 도서출판 시와 진실에서 간행하다. 같은 달 30일 국회 의원회관 소회의실에서 열린 '나라나무 소나무 지정을 위한 정책 토론회'에 주제 발표자의 한 사람으로 참가하다. 10월 박희진 시 전집 3권인 『후기시집Ⅰ』과 4권인 『후기시집Ⅱ』를 도서출판 시와 진실에서 간행하다. 영역 시집 『동해의 일출(Sunrise over the East Sea)』을 고창수 번역으로 미국 뉴저지의 호마 앤드 세키 북스(Homa & Sekey Books) 출판사에서 간행하다.

2006년　4월 중국 항주를 거쳐 안휘성(安徽省) 황산(黃山)을 탐방하다. 6월 중국 장춘, 연길, 심양(瀋陽) 등지를 경유하여 백두산에 오르다. 11월 제27시집 『섬들은 외롭지 않다』와 제28시집 『이승에서 영원을 사는 섬들』을 도서출판 시와 진실에서 간행하다.

2007년　7월 대한민국예술원 회원으로 선출되다. 독역 시집 『하늘의 그물(Himmelsnetz)』을 최두환·레기네 최 공역으로 슈투트가르트의 에디치온 델타(Edition Delta) 출판사에서 간행하다. 이후 한동안 독일과 프랑스의 접경 지역인 프랑스 알사스 지방(독일어권)에서 신문에 여러 차례 현지 비평가들의 호평(주로 '박희진의 시는 현대 유럽 시인들한테선 기대하기 어려운 삶의 예지와 자연에 대한 심오한 통찰로 가득하다'는 내용들)이 실리고, 여러 방송을 통해 박희진의 작품을 조명하는 프로그램이 전파를 타다. 12월 제2회 도봉 문학상을 받다. 같은 달

	제29시집 『이집트 그리스 시편』, 제30시집 『포르투갈 모로코 스페인 시편』, 제31시집 『중국 터키 시편』을 도서출판 시와 진실에서 간행하다.
2008년	12월 시 선집 『미래의 시인에게』를 도서출판 우리글에서 간행하다. 일역 시집 『한 방울의 만남[一滴の出會い]』과 『사행시집 7월의 포플라[四行詩集 七月のポプラ]』를 고노 에이지[鴻農映二] 번역으로 도쿄문예관[東京文藝館]에서 간행하여 일본 문예계에 충격을 주다.
2009년	3월 도봉구 쌍문동 우이빌라에서 강북구 우이동 56-34 초원아트빌 401호로 이사하다. 10월 제16회 자랑스러운 보성인상을 받다.
2010년	12월 제32시집 『산·폭포·정자·소나무』를 도서출판 뿌리깊은나무에서 간행하다.
2011년	7월 『라일락 속의 연인들』 증보판을 도서출판 시와 진실에서 간행하다. 9월 제33시집 『까치와 시인』을 도서출판 뿌리깊은나무에서 간행하다. 12월 제27회 펜 문학상을 받다.
2012년	5월 대한민국예술원 제47회 회원 세미나에서 '고운 최치원과 범부 김성설 – 풍류도와 관련하여'를 가지고 주제발표를 하다. 10월 제1회 녹색 문학상을 받다. 12월 제34시집 『4행시와 17자시』를 서정시학에서 간행하다. 같은 달 셋째 수필집인 『소나무 수필집』을 도서출판 황금마루에서 간행하다.

2013년 7월 시 선집 『항아리』를 시인생각에서 간행하다. 12월 시론집 『상처와 영광』을 도서출판 뿌리깊은나무에서 간행하다.

2014년 4월 제25시집 『꿈꾸는 탐라섬』 개정판을 동서교류에서 간행하다. 5월 제35시집 『영통(靈通)의 기쁨』을 서정시학에서 간행하다. 10월 18일 제주도 김영갑 갤러리 두모악에서 생애 마지막 개인 시낭독회를 열다.

2015년 2월 타고르 시집 『기탄잘리』의 최종 수정판을 서정시학에서 간행하다.

2015년 3월 31일 오후 7시 몇 분 전 서울에서 니르바나에 들다.

시집

제01시집 1960년 『실내악』, 사상계사
          (1991년 하락도서에서 재간행)

제02시집 1965년 『청동시대』, 모음출판사

제03시집 1970년 『미소하는 침묵』, 현대문학사

제04시집 1976년 『빛과 어둠의 사이』, 조광출판사

제05시집 1979년 『서울의 하늘 아래』, 문학예술사

제06시집 1982년 『사행시 백삼십사편』, 삼일당

제07시집 1982년 『가슴속의 시냇물』, 홍성사

제08시집 1985년 『아이오와에서 꿈에』, 오상사

제09시집 1985년 『라일락 속의 연인들』, 정음사
          (2011년 시와 진실에서 증보판 간행)

제10시집   1985년 『시인아 너는 선지자 되라』, 민족문화사

제11시집   1988년 『산화가(散花歌)』, 불일출판사

제12시집   1990년 『북한산 진달래』, 산방

제13시집   1991년 『사행시 삼백수』, 토방

제14시집   1993년 『연꽃 속의 부처님』, 만다라

제15시집   1995년 『몰운대의 소나무』, 시와 시학

제16시집   1997년 『1행시 7백수』, 예문관

제17시집   1997년 『문화재, 아아 우리 문화재!』, 효형출판

제18시집   1999년 『백사백경(百寺百景)』, 불광출판부

제19시집   1999년 『화랑영가(花郞靈歌)』, 수문출판사

제20시집   1999년 『동강 12경』, 수문출판사

제21시집   2000년 『하늘·땅·사람』, 수문출판사

제22시집   2001년 『박희진 세계기행시집』, 시와 진실

제23시집   2002년 『사행시 사백수』, 시와 진실

제24시집   2003년 『1행시 960수와 17자시 730수·기타』, 시와 진실

제25시집   2004년 『꿈꾸는 탐라섬』, 시와 진실
              (2014년 동서교류에서 개정판 간행)

제26시집   2005년 『소나무 만다라』, 시와 진실

제27시집   2006년 『섬들은 외롭지 않다』, 시와 진실

제28시집   2006년 『이승에서 영원을 사는 섬들』, 시와 진실

제29시집   2007년 『이집트 그리스 시편』, 시와 진실

제30시집　2007년 『포르투갈 모로코 스페인 시편』, 시와 진실

제31시집　2007년 『중국 터키 시편』, 시와 진실

제32시집　2010년 『산·폭포·정자·소나무』, 뿌리깊은나무

제33시집　2011년 『까치와 시인』, 뿌리깊은나무

제34시집　2012년 『4행시와 17자시』, 서정시학

제35시집　2014년 『영통의 기쁨』, 서정시학

제36시집　2015년 『니르바나의 바다』(유고 시집), 서정시학

시 선집

1986년　『꿈꾸는 빛바다』, 고려원

1987년　『바다 만세 바다』, 문학사상사

1991년　『한 방울의 만남』, 미래사

2008년　『미래의 시인에게』, 우리글

2013년　『항아리』, 시인생각

2017년　『풍류도인 열전』, 도서출판 한길

수필집

1990년　『투명한 기쁨』, 산방

1991년　『서울의 로빈슨 크루소』, 책세상

2012년　『소나무 수필집』, 황금마루

시론집

2013년 『상처와 영광』, 뿌리깊은나무

시화집

1991년 『소나무에 관하여』[그림·이호중], 다스림

(2004년 도서출판 솔숲에서 『내 사랑 소나무』로 재간행)

1997년 『삽시간에 붙잡힌 한라산의 황홀』[사진·김영갑], 하날오름

시 전집

2004년 『초기시집』, 시와 진실

2005년 『중기시집』, 시와 진실

2005년 『후기시집 I』, 시와 진실

2005년 『후기시집 II』, 시와 진실

번역 시집

1959년 타고르 시집 『기탄잘리』, 양문문고 (2015년 서정시학에서 3차 수정판 간행·시판중)

외국어로 번역·출간된 시집

2005년 『Sunrise over the East Sea』(고창수 번역), Homa & Sekey Books, 미국 뉴저지

2007년 『Himmelsnetz』(최두환·레기네 최 공역), Edition Delta, 독일 슈투트가르트

2008년 『一滴の出會い』(고노 에이지[鴻農映二] 번역), 東京文藝館, 일본 도쿄

2008년 『四行詩集 七月のポプラ』(고노 에이지[鴻農映二] 번역), 東京文藝館, 일본 도쿄

수상

1976년 월탄 문학상

1988년 현대시학 작품상

1991년 한국시협상

1999년 보관 문화훈장

2000년 상화 시인상

2007년 도봉 문학상

2009년 제16회 자랑스러운 보성인상

2011년 펜 문학상

2012년 제1회 녹색 문학상